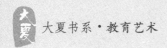

大夏书系·教育艺术

Haodong Haoyong de
Jiaoyu Xinlixue

解决学生学习的

10个困惑

好懂好用的教育心理学

赵希斌 著

华东师范大学出版社
全国百佳图书出版单位

图书在版编目（CIP）数据

好懂好用的教育心理学：解决学生学习的 10 个困惑/赵希斌著．
—上海：华东师范大学出版社，2012.7
 ISBN 978－7－5617－9693－1

Ⅰ.①好... Ⅱ.①赵... Ⅲ.①教育心理学 Ⅳ.①G44

中国版本图书馆 CIP 数据核字（2012）第 148525 号

大夏书系·教育艺术

好懂好用的教育心理学：解决学生学习的 10 个困惑

著　者	赵希斌
责任编辑	任红瑚
封面设计	奇文云海
责任印制	殷艳红
出版发行	华东师范大学出版社
社　址	上海市中山北路 3663 号　邮编 200062
网　址	www.ecnupress.com.cn
电　话	021－60821666　行政传真 021－62572105
客服电话	021－62865537
邮购电话	021－62869887　地址　上海市中山北路 3663 号华东师范大学校内先锋路口
网　店	http://hdsdcbs.tmall.com/
印 刷 者	北京密兴印刷有限公司
开　本	700×1000 16 开
印　张	12.5
字　数	175 千字
版　次	2012 年 8 月第一版
印　次	2020 年 5 月第十三次
印　数	47101－50100
书　号	ISBN 978－7－5617－9693－1/G·5708
定　价	28.00 元
出 版 人	朱杰人

（如发现本版图书有印订质量问题，请寄回本社市场部调换或电话 021－62865537 联系）

目 录
contents

前　言／1

 学生很聪明为什么却不爱学习
　　——决定学习动力的直接因素／1

　　平平是一个聪明又开朗的孩子。他爱看课外书、知识面广、爱思考和提问。可是平平的妈妈很发愁，因为从一年级开始平平就对学习没什么兴趣，当时妈妈想也许是刚上学不适应，可现在已经三年级了，平平仍然没有学习的动力，上课不专心听讲，作业潦草敷衍，做一会儿作业就喊累……

 换了老师学生怎么对学习没兴趣了
　　——影响学习动力的环境因素／15

　　小宇进入一所新的学校。让妈妈着急的是，小宇就像变了一个人。在原来的学校，小宇阳光开朗，学习努力，成绩也很好，可到了新的学校，小宇明显变得不爱学习了，尤其是数学，原来一直是小宇最喜欢的学科，可现在不仅考试成绩差，而且有时甚至还不写作业……

3 成绩不好的学生还会有出息吗
　　——多元智力与个体差异 / 39

　　斌斌是一个不爱学习的孩子，学习成绩也较差，可是，斌斌一点也不笨，只要是他感兴趣的事情，他就会非常投入而且学得特别快。斌斌妈妈的一个同事跟她说："初二可是关键阶段，孩子不愿学你就得逼他学，不然将来上大学就没指望了，这辈子就毁了，你可不能心软。"

4 学生很勤奋为什么成绩上不去
　　——提高学生的思考力 / 57

　　红霞是一个非常用功的孩子，每天做奥数题都要花一个小时左右，非常吃力。老师教过的内容，她照猫画虎可以做出来，但题目稍微变化一点她就不会了。老师对她说："我知道你非常用功，但是要想有进步，你还得多动脑筋，掌握做题的方法，要提高自己的思维能力。"

5 还有比学习成绩更重要的吗
　　——道德与社会性发展 / 77

　　中央电视台《看见》栏目曾专访了一个16岁的学生张炘炀，全国年龄最小的博士生。张炘炀说："我博士出来，连住的地方都没有。博士毕业有用吗？"于是，他要求父母全款在北京给他买房，还说"本来最希望我留在北京的就是他们，他们应该为此努力"。

习惯可以决定命运吗
——良好的学习与行为习惯／99

　　小华的妈妈坐在沙发上织毛衣，目的是盯着小华学习。小华的屁股上像是长了刺，一会儿要喝水，一会儿要上厕所，一会儿喊作业太多，一会儿喊作业太难，好像有多动症似的，可是看动画片、玩游戏，小华能一动不动坐上一个多小时呢。老师说小华的学习习惯不好……

要不要给孩子报课外班
——读书、体验和实践／123

　　小帅的妈妈遇到一个棘手的问题——要不要给小帅报课外班。小帅的同学有的从一年级开始就上课外班，英语、奥数、作文等，现在临近小升初，大部分同学都上了各种课外班。妈妈知道小帅不喜欢上课外班，可如果不上的话，不但小升初时成绩会受影响，将来上了初中也可能会跟不上……

该"奖"还是该"罚"
——如何运用奖励和惩罚／137

　　宋老师是一个新老师，她遇到的最大的困难就是管不住学生，班上总是乱糟糟的。宋老师曾试着表扬班上一个总是捣乱的学生，可没想到学生听了她的表扬，竟然冲她翻了个白眼，一脸的不屑。她也试过狠批学生，让他们罚站。可是，这些都没用！学生根本不怕，越惩罚越和老师对着干……

9　孩子会输在起跑线上吗
　　——教育的时机／153

　　小枫五岁了，正在上幼儿园大班。小枫的妈妈这两天心烦意乱，同事的孩子和小枫同岁，现在会背好多唐诗，能认的字快有一千个了，还参加了"学前班"，已经开始学小学一年级的内容了。看着天天疯玩儿的小枫，妈妈有些后悔，也有些害怕了，难道小枫真的要"输在起跑线上"了吗？

10　什么样的课堂能够吸引学生
　　——优质课堂的核心要素／171

　　王老师是一个从教5年的小学老师，他发现自己处于"瓶颈期"了。在教育教学的多方面已经积累了一些经验，但还有相当多的问题解决不了，如怎么提高学生的学习兴趣，怎么应对班上几个"特殊学生"，能否用更温和、更人性化的方式代替强硬的方式管理班级而又不致混乱……

后　记／189

前　言

　　我从1997年开始学习教育心理学专业，现在北京师范大学教授教育心理学课程。自2001年开始，我参与了多项基础教育课程改革的课题，对中小学有了切近的观察，发现并思考了一些教育教学中的实际问题。同时，我从事教育培训工作已有10年，在与教师、家长的交流中我也不断发现和总结使他们感到困惑的问题。

　　这些年我常听到学生和一线老师抱怨："教育心理学都是些没用的理论。"其实，我的学生需要教育心理学帮助他们走上讲台，教师和家长也需要教育心理学解决他们面临的实际问题。

　　从去年开始，我在授课和培训时进行了"改革"，所有教学内容都以问题驱动，即以教育教学中的实际问题——您将在本书中看到的10个教育问题——作为教学和培训的线索，在教学和培训中对这些问题进行分析并尝试提出解决问题的建议，这样的教学和培训确实受到了听众的欢迎。这使我萌生了一个想法——基于我的教学、培训和科研经验，写一本源于教育中的实际问题、利用教育心理学知识解决这些问题的书。这是本书写作的源起和动力。

　　优质的教与学依赖三个系统：目标、动力、方法，这成为本书关注的三类核心问题。

　　做任何事首先要有正确的目标，在失去目标或者目标偏差的情况下跑得越快则越危险。教育心理学的落脚点是教育，也必然要以教育目标和价值观作为引导。学生为什么要接受教育，他们为什么要学习，他们发展的目标是什么，这是任何一门涉及教育的学科都不能回避的问题。同时，由于每个学生都是独一无二、与众不同的，所以学生不仅要有发展目标，而且还要有恰当的、独特的目标。基于此，本书用两个章节讨论学生的两项基本发展目标——良好的品行，以及良好的学习与行为习惯，同时对多元智力和个体差异进行了分析。

为什么有些学生学习动力十足而有些学生却对学习没什么兴趣？这牵涉到学习的动力系统。学生只有具备了良好的学习动力，才能支持、驱动他们面对学习的压力和挑战，实现教育的目标。学习动力不仅有大小之分，还有优劣之分。优质的学习动力不仅能为学生提供强大的学习驱动力，而且使学习过程愉悦、高效，这就像一个优质的发动机，不但提供强大的驱动力，而且油耗低、排放少、污染小。本书用两个章节分析了决定、影响学生学习动力的因素，提升学生的学习动力就要优化这些因素。

在确定了目标、调动了动力之后，就要考虑如何实现目标、分配动力的问题。这就像一个旅行者确定了目的地、维护好发动机，下一步就要选择到达目的地的路线了。学习是一个艰苦而又漫长的过程，为什么有些学生目标明确、学习刻苦，可是学习效果却不好，这就要考虑学习方法和教学方法的问题。采用优化的教与学的方法就像选择了正确的道路，学习的旅程会变得高效并且可以欣赏到沿途令人愉悦的风景。本书通过"提高学生的思考力"、"如何运用奖励与惩罚"、"优质课堂的核心要素"等章节对良好的教与学的方法进行了分析。

本书力求将教育心理学知识与教育教学实践相结合，以教育教学中的实际问题为出发点，尝试从教育心理学的角度对其进行分析并提供解决问题的建议。本书近三分之一的篇幅由实际的教育教学案例构成，这些案例将成为桥梁，让读者将身边的教育教学现象和教育心理学的知识与理论联系起来。

然而以下三方面的因素，使得教育问题的解决非常复杂。

首先，教育牵涉到价值观。教育不是一件"纯技术"的事情，没有所谓"正确的教育"，教育问题的解决也没有标准答案。站在不同的立场会有不同的诉求和价值观，相应的教育目标和教育方法就会有差异。无论我们是否意识到，教育价值观都在影响我们的教育实践，都在决定着我们的教育教学行为。因此，教师和家长在实施教育教学的过程中，要不断地问自己："我希望学生（孩子）成为什么样的人？我希望他们过怎样的生活？他们需要具备哪些素质和能力？"我的第一本书《优秀教师的四项核心素质》中提到，作为一名教师，首先要具备的素质就是"正确的教育价值观与职业态度"。在本书中，我也明确表达一个观点：教育心理学是为教育服务的，本书的许多理论、案例的背后都有教育价值观，请读者注意这一点，也请意识到，改变自己的教育教学行为首先就要改变自己的教育态度和价值观。

其次，教育研究所发现的规律都是"概率型因果关系"，即两个因素之间的因果关系不是绝对的、百分之百的。例如，研究表明体罚对学生的发展是不利的，但我们在生活中也一定会发现有些家长体罚孩子，孩子发展得挺好，成长得挺健康；有些教师体罚学生，学生不但不怨恨教师，还会保持对教师的敬重，甚至对教师心存感激。但是，这些个案的存在不可以否定"体罚不利于孩子发展"的规律，因为在大部分情况下，体罚与孩子的健康成长呈负相关，这是大量科学研究得到的结论。之所以有"例外"的情况出现，是因为影响教育教学行为及其结果的因素实在太多太复杂，如学生、教师和家长的个人特点、体罚的方法与情境等等。因此，对于本书所介绍的理论和案例，一方面读者不可因个案的存在而否认经过科学研究和缜密推理得到的结论，另一方面也要根据自己的实际情况，以实验和探索的态度解决自己的具体问题，避免对知识、理论的教条化理解，或者照搬案例中的做法。

例如本书中有一个案例，是关于美国的"虎妈"如何管教自己的女儿并在某些方面获得了成功。重要的是理解她的做法中的关键——对女儿的爱和高期望，以及她管教女儿的成功与她和她女儿自身的特点有很大关系，同时也要认识到她女儿很有可能在成功的背后付出了很大的代价。因此，本书对该案例进行了全面、深入的分析，突出了其中所蕴含的教育心理学原理，提出了实施惩罚必须坚持的若干原则，提醒读者不能照搬照抄"虎妈"的做法，否则很有可能在她女儿身上获得成功的做法对另一个孩子却导致惨痛的失败。

第三，教育者自身的能力和素质至关重要。本书有许多教育心理学的知识和原理，这为教师和家长提供了改进教育教学的工具，但能否用好这个工具，还与教师和家长的思想观念、能力素质、资源环境等有很大的关系。例如，本书中有大量的理论和案例表明，教师和家长是影响学生学习动力的重要因素。对教师来说，发自内心地尊重和悦纳学生、良好的教学水平、丰富的学科知识、敬业的态度等对学生的学习动力有积极的影响；对家长来说，为孩子做榜样、优化教育教养方法、对孩子表达高期望、良好的亲子关系等与孩子较高的学习动力有密切关联。因此，在改变学生的同时，教师和家长也需要改变，教育问题的解决需要以教师和家长素质的提高为基础。

一个朋友的上初一的孩子描写校园的春天时写道："在这么好的季节里，又有谁不在生长呢？"是啊，孩子们每天都在成长。老师们、家长们，让我们欣赏孩子们的成长，为他们创造成长的春天，并和他们一起成长吧。

最后，作为本书的作者，我非常愿意听到读者的批评和建议，与大家就共同感兴趣的教育话题进行讨论对我来说是一件有意义而又有趣的事情。

赵希斌

2012 年 4 月

学生很聪明为什么却不爱学习

——决定学习动力的直接因素

> 平平是一个聪明又开朗的孩子。他爱看课外书，知识面广，爱思考和提问。可是平平的妈妈很发愁，因为从一年级开始平平就对学习没什么兴趣，当时妈妈想也许是刚上学不适应，可现在已经三年级了，平平对学习仍然没有热情和动力，上课不专心听讲，作业潦草敷衍，做一会儿作业就喊累。到底是哪些原因导致平平对学习缺乏兴趣呢？

学习动力就像汽车的发动机，它为学习提供能量，优化学生的学习首先要提升学生的学习动力。如果一个学生不愿意学习，待在学校的这12年的时间就没有被充分利用，甚至被荒废，这将是不可逆的巨大损失。

我的学生李亚琳在高中阶段是一个学习动力特别强的学生，她在作业中写道：

我认为，大多数学习成绩好的学生都相信"努力"并且实践"努力"。从高二开始我便寄宿于学校，学校规定每天早晨六点三十分起床，七点到教室进行一个小时的晨读。我坚持每天六点起床，迅速洗漱整理好，到楼下等着宿舍大门打开（六点三十分开）。这时通常都只有我一个人在等待，门一开我就会第一个奔向食堂，这让我颇有成就感。因为太早，食堂里除了工作人员几乎没有一个学生，为了赶时间我买一个包子或饼边吃边走向教室。教室的钥匙由我管理，进教室后，按照前一天晚上制订的计划，做自己买的地理练习题。当大家七点到教室后，我已做完并对完答案。接下来是一个小时的晨读，我们的晨读安排是一天英语一天语文。我特别喜欢英语早自习，因为我喜欢读英文，觉得是一种放松和享受。同学们常常一开始读得十分卖力，渐渐地，教室就安静了，因为读累了，这时我的声音依旧洪亮，常常会显得特别突出。

我觉得用整块的时间记英语单词太奢侈，便利用课间十分钟这种零碎的时间记单词，记完了就巩固，总之就是不停地重复。如果是二十分钟的课间，我就背历史或者政治。中午十二点放学，大家都在听到下课铃后立即冲向食堂，我却坐着不动，我要利用十二点到十二点半的时间做一篇完形填空和两篇阅读理解，并对答案，思考为什么会做错。做完后，大家差不多吃完饭了，食堂也不挤了，我再优哉游哉到食堂去吃饭。

吃完午饭到教室进行自习，这是老师要求的，但是大多数同学都会利用这个时间睡觉——我可以理解——但是我绝不会将这段时间用来睡觉，这是非常宝贵的、自己可以完全支配的大块时间。我数学比较差，所以将中午的时间完全用来学数学，先将老师上午讲的东西完全吸收，再做自己买的一些练习题，直到下午上课。

一整天，我很少离开我的座位，以至于我去厕所，同学都会调侃："哟！老班（意为班长，作者注）也来上厕所啊！"晚上接近十一点的时候放学，大家都回去了，我仍旧坐在教室里，因为我要做好第二天的学习计划，哪段时间具体做什么全都要有，这样才不会浪费时间。说到这里，大家应该知道为什么由我掌管钥匙了，因为我总是最后一个走第一个来。当时我的桌子几乎是全班最烂的，但是我特别喜欢，上面不知谁刻上了特别大的一行字："付出一定会有收获！"我相信这一点，并且以此鼓励自己。

看了这个案例，我们不禁思考，为什么有的学生学习动力这么强，而有的学生却不喜欢学习？教育心理学的研究表明，以下五个方面是决定学生学习动力的直接因素，如果要提升学生的学习动力，就必须优化这些因素。

1. 偏好

心理学家实施了一项巧妙的研究，探测遗传因素对个体的影响究竟有多大。研究者以同卵双胞胎和异卵双胞胎为研究对象，两组双胞胎自小被分开抚养，生长于不同的生活环境，在接受研究时他们都已是成年人。用加利福尼亚心理调查表对两组双胞胎进行测查，在11项量表内容上（包括自我接纳、幸福感、责任心、自我控制等等），同卵双胞胎之间的相关度远远高于异卵双胞胎之间的相关度，这说明即使分开抚养，使得同卵双胞胎处于完全不同的环境，但他们的心理和行为表现仍然有超出普通人的一致性。因此，天生特质具有相当的稳定性，并且对个体的心理及行为表现有着深刻的影响。量化研究表明，这种先天特质的影响力大概在50%左右，即一个人为什么会有与众不同的表现，可将约50%的原因归于先天特质。

在餐馆里，父母会问孩子喜欢吃什么，然后再点菜；在体育课上，如果让学生自由选择，有的学生喜欢篮球，有的学生喜欢足球，还有的喜欢跳绳。有些菜孩子不喜欢吃，父母不会为此感到难过或愤怒，我们也不会认为选择足球而不喜欢篮球的同学不正常。那么，一个学生不喜欢坐在教室里听课、写作业、应对考试，也和一个人不喜欢吃某道菜、不选择某种体育活动一样，是自然而又正常的——学生"天生"地会对某种活动感兴趣或不感兴趣，这就是个体的"偏好"。前面案例中的李亚琳同学，学习对她来说是一件富有吸引力、值得追求的事情，而对有些学生来说——如平平——学习却不是一件有趣的事情。

有些孩子第一天到学校就会感到新奇，对自己学会的第一个字、会做的第一道数学题感到欣喜，愿意和同学们一起玩，渴望听到老师的表扬，遵守学校纪律，积极参与学校的各项活动。这些都说明这些孩子对学校、对学习有相当的"偏好"，他们投入学习的动力就会强一些。相反，有些孩子在最初接触学习的时候就可能感到索然无味，他们会不适应、不喜欢坐在凳子上听老师讲课，不习惯从一个"自由"的人变得要守这样那样的规矩，无法理解为什么要学这些东西而不能到教室外面玩。这些孩子同样显示了"偏好"，只不过不是朝向学习，他们的学习动力相对就会弱一些。

我的学生柴天磊在作业中写道：

> 我从小就喜欢画画。在很小的时候，我妈总说我除了画画能坐得住，其他什么都没戏。事实也真是如此。我第一次跟她说我要学画画，她同意了。她问我："为什么要学画画？"我的回答是："我喜欢。"接着她又问我："如果学了画画，可不可以坚持？会不会三天打鱼两天晒网？"我记得相当清楚，当时痛快地说："能——坚——持！"并答应妈妈绝对不"三天打鱼两天晒网"。那时北京的交通还没有现在这么发达，妈妈骑着自行车，周末带我去上美术兴趣班，大风、暴雨、大雪、高温都不能阻止我去画画。除了上兴趣班，每天在家我还要画画。作为一个小学生，我从来没有觉得苦，没有想过放弃画画，因为我喜欢！
>
> 到了中学，学习任务重了，对我而言，画画和"升学"联系起来了。我在望京（北京东北四环的一个区域，作者注）的画室里准备高考，窗外工地上裸露的黄土跟随大风的旋律，如画笔一般在灰蓝色的天空中画出一道又一道有韵律的曲线。那从漆黑枯树中蹦出的金色，是我追求心中梦想的动力，沾满炭铅的手指就是画笔，松节油的味道就是我为绘画焚香的气息，衣服上不经意蹭上的颜料使作画的我也仿佛成了一件作品，大师的原作就是对我心灵的安抚……我在享受画画的每一天，即使是为了应试。当然，画画有时也会让我感到辛苦和乏味，但内心还是很坚定：我喜欢画画！它带给我的快乐是巨大而又令人难以割舍的。
>
> 美术兴趣班结束后，我回家会做很多绘画练习，这些练习的数量远远超过老师所要求的。而对于文化课，从小学的听写，到高中老师留的弹性作业，我也会完成，但我多半没什么兴趣。每次把自己的画给老师

看，都特别希望老师能多指出一些不足，即使老师的言辞再严厉，我也觉得很高兴，从来都没有被讽刺或是被批评的感觉。每次交文化课作业或考试时，我总希望不要出错，因为我不想让这些给我"惹麻烦"。

从上面这个案例可以看到，偏好对学习的动力有多么大的影响，它使学生产生了强大的动力，并且乐在其中，这实在是优质的动力源！

个体的"偏好"是非常重要的心理特征，对教育教学有着深刻的意义。孔子在2500年前提出的"因材施教"，其本质就是让教育"适合"不同的学生，而不是让学生去迎合教育。另一方面，个体的偏好是学习兴趣和学习动力最底层的基础，提升学生的学习动力就是要"投其所好"，这是我们为什么要不断优化教学内容和教学形式的原因——尽可能地使教育教学变得丰富多彩，让每一个学生都能被吸引并从中感受到乐趣。

需要指出的是，在不加干预的情况下学生对学校学习没有兴趣，这是天生偏好的体现，但并不意味着这种偏好不需要改变或不能改变。就好像一个孩子不喜欢吃青菜，这是天生偏好，但因为青菜有营养，因此，我们希望能够改变这种情况。不过，此时绝不能采取强迫的办法，如果强迫学生学习，不但效果不好，而且有可能使学生由不亲近学习变成厌恶学习。此时，我们需要优化教学——就好像改变青菜的做法，让孩子感到更可口一样——教师需要不断优化教学内容和教学方法，使学习的形式更加多样化和吸引学生，让学生感到学习是有趣的、可亲近的。

总之，认识到学生对学习有天然的偏好有助于我们以客观的态度理解那些不爱学习的学生，不要认为他们是故意作对，提高其学习动力需要帮助他们而不是斥责和强迫他们。

2. 负荷力

基础教育阶段的学习要持续12年，在这个过程中，学生要付出大量的体力和精力，学习自然成为一项负荷，学生承担这种负荷的能力——负荷力——对学生的学习动力就显得很关键了。

在前面的案例中，李亚琳每天比其他同学平均多学2～3个小时，却乐此不疲，我们不得不承认她比大多数同学在学习上的负荷力更强，在学习上她的精力更加充沛，这是她学习充满动力的一个重要原因。

在现实生活中我们一定会发现，有些人每天平均比别人少睡2个小时，其体力和精力却更充沛，这就是个体差异——人与人之间的身体素质及相应的负荷力是不一样的。学生的体质和体能天生就有差异，面对同样的学习任务，有些学生容易疲劳、难以忍受，有些学生却精力充沛、举重若轻；有的学生对付一门学科就觉得很艰难，有的学生同时面对五门学科却觉得很轻松。这就是学生学习负荷力的差异。

跑了一千米就极度疲劳的人，看着前方还有一万米的跑道，当下的体会往往是沮丧和绝望——不是他们不想跑，而是确实跑不动了！因此，有的学生不爱学习是因为他受不了了，实在没有更多的能力去承担学业的负荷。

有的老师和家长会责问学生："你玩的时候那么有劲，怎么一说学习就没劲了？"对于这个问题，可能学生自己也纳闷呢。老师和家长认为这些学生是"偷懒"，这可能还真是冤枉他们了，因为学生的负荷力根据活动内容的不同会有差异，即对有些活动的负荷力强，对有些活动的负荷力弱。在生活中，有些男士打一下午篮球都不觉得累，可是陪妻子逛街一小时却会觉得疲惫不堪。同样，一个学生学习数学的负荷力可能很高，却无法承受语文的学习。

教师和家长要仔细观察孩子的学习负荷，对负荷力较弱的学生，要多鼓励，多提供支持。此外，教师要有意识地提高教学效率，提高负荷的有效性，避免重复、低效的教学活动引发学生的疲劳。

3. 学习效能感

请想象一下，如果我们要越过前面的一个障碍，在行动之前我们一定会做一个"评估"——我能跳过去吗？如果答案非常肯定，我们会迅速行动并且在行动过程中充满自信；如果答案是否定的，我们就会显得动力不足，我们就会踟蹰、退缩，乃至取消行动。如果信心不足却被迫行动，一旦失败，就会证实并坚定之前的想法——我没有能力越过这个障碍——今后面对同样的障碍就很有可能丧失行动的动力。因此，个体对自我能力的评估能够影响他做事情的动力，心理学上将这种"评估"——对自己从事某项活动的能力及结果的认识——称作"效能感"。学习效能感是学生对自己是否有能力完成学习任务的评价和判断。

心理学的研究表明，学习效能感强的学生更愿意付出努力去学习，因为他们相信自己有能力，也相信自己能成功。李亚琳同学在她的作业中说："当时我的桌子几乎是全班最烂的，但是我特别喜欢，上面不知谁刻上了特别大的一行字：'付出一定会有收获！'我相信这一点，并且以此鼓励自己。"她有那么强的学习动力，一个重要的原因是她相信自己的努力不会白费，相信自己可以学好，自己所付出的一切都是值得的。反之，自我效能感弱的学生往往预期自己在学习上会失败，而且不相信自己在学习方面的能力，因而他们不会为了一件"注定"要失败的事情而努力，他们的学习动力就会比较弱。学习效能感弱的学生一旦在学习上遭遇挫折和失败，会更加坚定其对自己能力的怀疑，从而形成恶性循环。

我的学生陈昱嘉在作业中描述了他的一段往事：

> 我上小学时，爸爸让我和长我两岁的哥哥做算术题，每次都让哥哥先做一半我再开始，结果我还是能比哥哥先完成，而且总能全部正确。五年级我从农村转到城里念书，学校有一位体育老师是爸妈的熟人，他以一种轻蔑或者说安慰的口气告诉我父母："这里（即城里）的孩子都很聪明，来这边能考个三四十名就差不多了。"听了这句话，在学校里一直考第一名的我暗暗憋了一口气。
>
> 入学第二天，班主任老师在多媒体教室上县级示范课。那是我第一次见投影仪，第一次见电脑，一切都是新奇的。除了学生，听课的老师大概有100多人，黑压压一大片。老师讲的是"奥数"，那是我第一次听说还有一种数学叫"奥数"。课程开始不久，老师给出一道求行车路程的应用题，说："有同学能把这道题算出来吗？给你们5分钟时间试试看。"我立即就看出了那道题目的解法，并很快在算术本上写下了解题步骤。漫长的等待，3分钟过后，老师让算出答案的同学举手，我举起了手，奇怪的是举手的只有我一个，我慌忙放下手。老师问我是否有了

答案，我说是的。两分钟过后老师再次询问，举手的仍然只有我一个。我被请上了讲台，投影仪将我的算术本投射到屏幕上，我回头看了一眼，上面的每一个字至今仍历历在目。面对这么多陌生人，我很紧张，担心普通话讲不好，可是，紧张、慌乱与恐惧在我讲出第一个字的时候烟消云散，我清晰地讲出解题思路。在我讲完抬起头的一瞬间，教室里一阵轰响，那是掌声，我从没听过这么多人为我鼓掌。老师没有让我马上回去，而是面对着我一个劲地夸赞。我哭了，赶紧用算术本挡住了脸。刚进入城里小学的第二天，我就收获了这样的殊荣，怎能不激动？

第一次统测，我轻松地、如我所料地拿到了年级第一，这给了我最真实的快乐。更重要的是，城里的同学也都因为我成绩好而亲近我，这让我放下了在他们面前的自卑感。在学习中收获快乐，我想这是很大一部分成绩优秀的同学努力学习的一个重要原因，为了使快乐延续，他们会为此而奋斗。

这个生动的案例告诉我们：失败是珍贵的，能给我们经验和教训；成功更是珍贵的，能给我们信心和动力。

当一个人不认为自己能举起一百斤的重量时，他当然不会为此付出努力，如果逼他举起这个重量，多半会以失败告终，而失败会进一步降低其效能感。因此，对学习效能感较弱的学生，一定不要做超出他们能力的要求。对他们来说安全感很重要，教师和家长要有耐心，不要过分鼓动他们与别人竞争。有些教师和家长抱怨学生"没出息"，有时甚至会跟学生说："你怎么这么不争气，你要是有你哥哥（或姐姐）一半的进取心就不会这么没出息了。"这样的语言很残忍，这是在打击孩子的学习效能感，让他确信"我真是没用，别人都知道我是没用的"，会更进一步让学生承认、验证自己的不自信。

提高学生学习效能感最有效的方法就是帮助学生经由努力获得学习上的成功，这样的成功能够成为一个"标杆"，切切实实地告诉学生——你可以成功，只要你付出努力。因此，教师和家长要根据学生的实际情况，提出学生经过努力能达到的目标，并且在这个过程中帮助学生获得成功，一旦学生有了进步，哪怕是再小的进步，老师和家长都要肯定和鼓励学生，让学生从这个成功走向下一个成功，此时学生的学习效能感就会增强，相应地，其学习动力就会得到优化。

学习效能感是学生对自我学习能力的认识和判断，一个人的学习能力在一个时期是稳定的，学习效能感也应当是稳定的。但事实却不是这样，学习效能感往往会受到外部反馈的影响，学生会根据一些外部指标对自己的学习能力进行评价和判断，从而使学习效能感发生变化。例如，一个学生在中考前对自己的学习能力有一定的判断，如果考试结果令人满意，就会加强他的学习效能感；如果考试结果不理想，就有可能削弱他的学习效能感，虽然在短时间内他的学习能力并没有变化，但外部的反馈影响了他的学习效能感。

陈昱嘉同学就有着这样的经历：

  一直到高中，我的学习状态都很不错。高考前的两次省统测，第一次我排进前十，第二次也在前五十之内。当高考逐渐临近时，我给自己施加了太多压力，我变得不顾一切，变得近乎疯狂，而这种疯狂最终害苦了我，我在高考文综考试中发挥失常。高考的不如意让我极度失望，开始自卑，我觉得自己真的不如那些最终在高考中超过我的人，他们比我解答试题的能力更强，他们以后的人生会比我精彩，所以大学伊始，我真的找不到学习的动力和未来的方向了。

我相信我们很多人都会有陈昱嘉同学类似的经历。成败得失成为我们对自己的能力进行判断的线索，积极的外部反馈如表扬、荣誉、好成绩，成为提升学生学习效能感的契机，而当失去这些时，学习效能感就有可能受到挫败。因此，教师和父母一方面要注意及时发现学生的优势和进步，为学生提升学习效能感奠定基础；另一方面也要帮助他们对自己的学习能力形成清晰、稳定的判断——面对胜利，不要盲目骄傲，面对失败和挫折，不要气馁和妄自菲薄，把这当作考验自己的机会，沉着自信，克服困难。

4. 责任心

一个高三学生在高考前 100 天在网络上连载了他的日记：

父母乃至整个家族都很重视我，都对我满怀希望，希望我光耀门庭。父亲为了筹我上学的学费，东奔西走地打工挣钱，一刻也没有闲过，今年春节他除夕才回到家，我感觉他一下子苍老了很多！他卖过小零食，做过小生意，贩过鱼，现在在一家批发部负责送货，都是很辛苦的工作。

开学前一天晚上，父亲和我谈了很久，说了很多。他告诉我在社会上有文化与没文化的区别，他让我好好学习，好好考，让别人瞧瞧，也为自己争口气！我没有嫌他啰嗦，一个劲地点头。开学那一天，学校贴出上学期期末考试成绩排名榜，我是全校第33名，也是"三好学生"，我看见父亲的嘴角闪过一丝微笑，我心里很安慰。报到后我们去了三叔家，恰巧他家也来了亲戚，他们便谈论起各自孩子的成绩，当表弟的姨夫听说我的成绩排名后向父亲树起了大拇指，父亲笑弯了腰。

母亲是世界上最爱我的人，她慈爱，勤劳，有什么心里话我总是第一个向她倾诉，好消息坏消息我都是第一个告诉她！我在她的呵护下倍感幸福，有时我常常偷笑，上天真的待我不薄！我真的想好好报答我的父母！姐姐、姐夫也很关心我，三叔也很看好我，大叔、二叔、二舅、三舅、大姨、姑母许许多多的亲戚对我满怀希望，我承载了太多人的憧憬！

多年的学习，多年的努力，多年的汗水，就靠几张试卷来检验，我实在不喜欢甚至痛恨现在的教育制度，但我现在要做的只能是努力，努力，再努力！

动物凭本能做事，人和动物不同，我们除了凭本能还凭责任心做事。一个痛恨当前教育制度的学生为什么要努力学习？因为责任！他不是一个人在"战斗"，他的肩上承载了太多人的期待——学习是为了实现对这些人的承诺，为了不让他们失望，也为了实现对自己的承诺，不让自己失望。

有些事情也许不是我们喜欢做的，但我们必须做，而且要做好——这就是责任心。学习也是这样，从偏好来讲，很多学生可能更愿意去打篮球而不是坐在教室里听课，但责任心使他们坐在这里并且付出极大的努力。这种责任心可能源自对前途的期望（上大学、找好工作），可能源自不忍让老师、父母失望（老师和父母对自己很好，不好好学习对不起他们），也可能没有原因（每个学生都要学习，我也得学习）。

  如果考试没考好，有的学生会感到沮丧、难过，甚至觉得对不起老师和家长，会认为自己不够努力，没有做好自己分内的事情；而有的学生却像什么事都没发生一样，至多难过一会儿——还是因为担心父母和老师的斥责——他们不会觉得自己做错了什么，也不会觉得这件事有多严重，这体现了二者对学习的责任心的差异。

  从积极的方面来说，责任心是学生学习的动力源。在责任心的驱使下，学生变得成熟、不再任性，能够积聚力量克服学习中的种种困难。责任心会让学生认为"学习是自己分内的事情"，这自然有助于激发学生的学习动力。

  我的学生在作业中说，他上初中的时候和同学打架，老师把他叫到办公室，完全没有批评和斥责他，而是语重心长地跟他说："你的父母打工那么辛苦，挣钱多不容易，送你到学校想让你好好学习，你这样的话怎么对得起他们啊？另外，你有没有想过将来干什么，要是不好好学习的话，初中毕业可能就要'混社会'了，你愿意吗？"老师说着，这个学生就哭了起来，发自内心地觉得自己错了，下决心一定要好好学习——这就是责任心的驱动。

  另一方面，责任心对学习来说可能也有消极的影响。有一天我在快餐店吃饭，有一对母女进来默默坐在我旁边，当时我就觉得气氛有些冷。母亲去点餐，女儿竟然把练习册掏出来开始做题了。母亲回来后冷冷地说："别写了，吃饭吧。"女儿低着头，嗫嚅着："嗯，把这个题做完。"妈妈问："这次怎么回事，语文考这个分数？"女儿急忙解释："有一道题，让写富春江景色的特点，应该既写水的特点，也写山的特点，可我当成富春江江水了，只写了水的特点。"女儿解释完，母亲一言不发。

  无疑，这个孩子对学习很有责任心，学习成绩对她来说很重要，努力学习对她来说是责无旁贷的，就像工人要做好产品、服务员要让顾客满意、教师要教好学生一样自然。无论这种责任心是先天素质，还是后天调教的，都驱动学生产生了学习动力。但同时我们也能感觉到，由责任心驱动的学习很可能缺乏乐趣，使学习变得沉重，学生有可能一边努力学习，一边厌恶学习，这是两种相互胶着的力量，当后者的力量足够大时，学生很有可能会脱离责任心的控制而放弃学习。如果在网络上搜索"高考、撕书"，会发现大量的图片和视频，学生痛快而又悲愤地把书和参考资料撕得粉碎，洒满整个操场。这些撕书的学生在高考前因为责任心驱使而努力学习，一旦他们"解放"了，就会毫不掩盖对学习、对这段岁月的厌恶。

因此，教师和家长可以通过提升学生对学习的责任心而强化其学习动力，但一定要认识到责任心对于学习是一把双刃剑，学生因责任心而努力学习并不是朝向学习本身，有被动的意味，可能不会长久甚至有副作用，因此教师和家长要引导学生真正感受到学习的乐趣。

5. 可塑性

当前这种"工业流水线"式的教育教学方式在整个人类历史上存在的时间可能还不到一百年，学生的学习内容和学习方式是适应社会发展的结果。一个孩子从出生后就开始了"社会化"的过程，他们的观念和行为将被打上社会的烙印，他们开始面对并适应种种社会规范。一个人高中毕业后再回首12年的基础教育，会惊讶地发现自己发生了多大的变化，因为环境和外界的要求而做出了多少适应性的调整！在这个过程中必然有些学生适应得好，有些孩子适应得不够好，他们的区别在于其"可塑性"不同。

在主流价值观中，"学生都要上学""学习好的孩子是好孩子""学习好才能有前途，才能得到父母和老师的认可与表扬"，一个懵懂无知的孩子渐渐接受了这些价值观，开始有意无意地约束自己的行为，压抑天生的欲望，按照社会的标准行为处事，这就是被塑造、被社会化的过程。在学习的过程中，有些知识是学生不感兴趣的，有些是学生不相信、不认可的，但想到"反抗有什么用呢"，他们就会按照外部的要求投入到学习活动中，这就是可塑性的表现。

每个学生都会被塑造，每个学生也都有可塑性，但每个学生的可塑性是不同的，有些学生比较"随和"而容易被改变，有些学生比较"顽固"

而不易被改变。可塑性高的学生认可学习的种种要求，比较容易、顺利地做出改变和适应。对这样的学生来说，他们学习动力较强是因为他们与各种学习要求的冲突较小，他们愿意服从学习的要求。而可塑性低的学生则没有如此幸运，学习对他们来说成为不断抗争和矛盾挣扎的过程，这个过程往往是痛苦的，有时结果也是令人失望的——他们很难被改变，因而对学习缺乏动力。

父母、教师想让学生积极学习的急切愿望可以理解，但面对不愿意学习的学生，如果家长、教师对学生提出硬性要求，训斥乃至体罚，对一些学生可能有效果，而对另外一些学生来说，效果可能不明显，甚至有负效果。同时，学生能否被"塑造"以及在多大程度上被塑造，也和父母与教师的教导、强化、惩罚的策略和技术有关，这一点在本书后面部分将进行详细说明。

与责任心一样，可塑性也是一把双刃剑。可塑性高的学生容易受到外界的影响而改变，但这种改变可以是从消极变积极，也可以是从积极变消极。如现实生活中有一些很听话、很乖的学生可能会变得消极和叛逆，变得连父母都觉得"好像不认识了"。可塑性低的学生受外界影响小，其身上的"消极"之处（按照主流价值观来看是消极的，但换一个视角也许并不消极）也许不那么容易改变，但这样的学生也有可能表现出有主见、执著、坚韧的品质。此外，可塑性高的学生有可能因为容易被外界要求改变，使得其独特性不足，这可能对其未来发展是一个不利的方面。此外，接受"塑造"有时是一个被动的过程，有可能压抑学生对自身的了解与审视，压抑其主动发展的愿望。因此，教师和家长一方面要帮助学生适应学习的要求，同时也要注意保护学生的独特性和独立自主的品质。

总之，上述5个方面是直接决定学生学习动力的心理因素，改变学生的学习动力要从改变这些因素入手。如何改变这些因素呢？这就要改变教育手段、教育资源等环境条件，作用于这些决定学习动力的因素，进而改变学生的学习动力。下一章我们将探讨影响学生学习动力的环境因素。

教育教学启示

1. 学生的学习动力与先天偏好有关，教师和家长一方面要理解学生，千万不要强迫学生学习，另一方面要优化教育教学的内容和形式，调动学生的学习动力。

2. 学生的体力和精力有个体差异，教师和家长要理解学生在学习过程中的辛苦，不能一味抱怨其"不努力"，同时教师还要提高教学效能，帮助学生优化学习方法，避免重复、低效的教学引发学生的疲劳。

3. 学习目标要"因人而异"，教师要给学生设置适合他的、恰当的学习目标，布置其经过努力能完成的任务，帮助其获得成功并体验成功的感觉，提升学生对自己学习能力的信心，强化其学习效能感。

4. 让学生对学习更富有责任心是提升其学习动力的一种方法，如让学生体会父母的期望，思考学习对其人生的意义，但不要对学生说教，而要用学生可接受的形式强化其对学习的责任心。同时教师和家长要认识到，责任心是一把双刃剑，学生因责任心而努力学习并不是朝向学习本身，有被动的意味，可能不会长久甚至有副作用，因此教师和家长要引导学生真正感受到学习的乐趣。

5. 每个学生的可塑性不同，教师和家长要接受这一客观现实。在调动学生学习动力的过程中，教师和家长要"因人而异"、"因势利导"，对比较"执拗"的学生更要注意方式方法，唤起其主动学习的愿望。

换了老师
学生怎么对学习没兴趣了
——影响学习动力的环境因素

> 小宇随父母工作调动到了另一个城市，进入一所新的学校。让妈妈着急的是，小宇就像变了一个人。在原来的学校，小宇阳光开朗，学习努力，成绩也很好，可到了新的学校，小宇明显变得不爱学习了，尤其是数学，原来一直是小宇最喜欢的学科，可现在不仅考试成绩差，而且有时小宇甚至还不写数学作业。妈妈跟小宇谈学习的事情，小宇就会沉默，但妈妈能感觉到他的抵触和委屈。妈妈知道，一定是新的环境影响了小宇的学习，可到底发生了什么，让小宇变得不愿意学习了呢？

学习动力如果是核心的话，那么决定学生学习动力的因素是"内环"，而影响学生学习动力的环境因素是"外环"，环境因素通过改变内环中的诸因素进而改变学生的学习动力。例如，如果父母的教育教养水平比较高，就有可能在提升学生的学习效能感、正确激发学生学习的责任心等方面发挥积极作用，进而就会优化学生的学习动力，这样的话，父母的教育教养水平就成为影响学生学习动力的环境因素。这一章我们来分析哪些环境因素会对学生的学习动力产生影响。

1. 父母的素质和教育教养水平

父母是孩子生命中第一任老师，根据心理学的研究，父母在以下几个方面的素质和表现会对孩子的学习动力产生重要影响。

（1）父母对孩子学习的期望

父母认为学习是一件"庄重"的事情，并将这个信念传递给孩子，这与孩子的学习动力有密切关联。父母重视孩子的学习不仅是希望孩子获得好成绩，还要向孩子传递一种观念：学习不仅可以带给你美好的前程，而且学习本身就是值得珍视的，是生活中、生命中重要的事情。一旦孩子了解并且认可这样的理念，自然会重视学习并迸发学习的积极性。

父母对孩子学习的重视，最核心的体现就是对孩子的学习怀有"积极期望"。在前面的案例中，那个连载日记的高三孩子有那么强大的学习动力，一个重要的原因就是家人尤其是父母的期望。

父母对孩子学习的期望不只是提出要求就可以了，更重要的是为孩子提供支持，尤其是在孩子面对困难和挑战的时候。

> 马克在练习小提琴。但是，他很疲倦，提不起精神，多数是做枯燥的动作而已。从远方来马克家探望的祖母朝房间看了一下。她看到马克和他肩上的松垂的小提琴，马克的脸上显出沮丧的神情。祖母小心谨慎地走进房间，在角落找了张椅子坐了下来。她静静地继续她的针线活儿。但是，马克注意到了祖母的出现，因为他的姿势挺拔起来，弓拉着弦有了新的活力。马克不再是仅仅练琴而已了，他是在为祖母演奏，祖母显然十分愉悦地聆听着。

（马克斯·范梅南著，李树英译：《教学机智——教育智慧的意蕴》教育科学出版社2001年）

父母对孩子的支持不仅可以表现在行为上——如为孩子讲解习题、帮助孩子制订学习计划、为孩子提供学习资源,也包括情感上的支持,就像马克的祖母,通过一个"微小"的、发自本能的行动告诉孩子:"我在关注你,我和你在一起!"学习最终是孩子自己的事情,父母并不能代替他们去克服学习中的困难,但父母可以通过表达积极的期望和情感的支持让孩子感到安全,知道自己并不是"孤军奋战",从而迸发学习的动力。

父母对孩子的期望要保持一个合理的"度",并以恰当的方式表达出来。有一个朋友跟我咨询,说她上五年级的孩子现在对成绩看得很重,压力很大,平时小考不错,只要是大考就考砸,近期竟然出现考试当天的早上就会肚子痛、拉肚子的现象。我问她是不是对孩子的成绩要求太高、太过关注。她说没有。我问她怎么那么详细地知道孩子每次考多少分、排多少名?她说她从来不问自己孩子,都是问对门孩子的同学。我听了真是哭笑不得!其实这位母亲只要和我说话,就是关于孩子成绩的事情,我见到她都有要逃开的冲动!不切实际的、过高的期望乃至不合理的要求不仅会给孩子造成严重的心理负担,还会挫伤其学习动力。

因此,父母表达对孩子的期望千万不要"只见分数不见人",一定要让孩子知道你爱他,无条件地相信和接受他,这才会让孩子感到安全,才能积聚力量努力学习,而不是时时担心自己是否又要让父母失望了。

(2) 父母的榜样作用

我们想象一个情景:一个家庭每天吃完晚饭,父母到书房看书去了,而另一个家庭每天吃完晚饭,父母呼朋唤友来打麻将了,哪一个家庭的孩子更倾向于有较强的学习动力呢?

我有一个朋友,她把上小学的儿子送到寄读学校后,大呼惬意,每天下班打牌、逛街、看电视剧到深夜!到了学期末,儿子考得很不好,这位朋友气坏了,当着我的面训斥孩子:"我掏那么多钱让你去寄宿学校,你就给我考这个分啊!"从孩子含着泪又愤懑的眼神中,我觉得他可能在想:"凭什么你在家舒服自在,我却要辛苦学习?!"

从来不看书不学习的父母,要求孩子努力学习是一件有些滑稽的事情!

身教重于言教，如果父母是看重学习、热爱学习的人，就会起到榜样的作用，会向孩子传递一种理念——学习是生活中一件自然的事情。一个人生活在读书人的家庭，我们会说他出自"书香门第"，这是一个多么形象的说法，每天沉浸在"书香"中的孩子，对学习有较高的动力也是更加自然的事情。

对于提高孩子的学习动力，父母在两方面的榜样作用很重要。

一，不论父母是官员、科研人员、工人还是农民，不论其工作是重要还是平凡，如果他能够认真做事、敬业负责、刻苦努力，就会给孩子树立一个好榜样。因为孩子的学习也是他的一项"工作"和"任务"，以什么样的态度面对这样的任务在很大程度上决定了其学习动力，父母在这方面做出积极的榜样无疑有助于孩子以积极的态度对待学习。

二，父母的好奇心和钻研精神很重要。兴趣是激发学习动力最直接、最有效的因素，如果父母是有好奇心的人，无论在学习、工作还是爱好方面，都会对孩子产生积极影响。我有一个朋友，他的父亲喜欢养金鱼，将业余时间全都投入在这个爱好上，种植水草、做鱼缸、改造过滤设备、繁殖小鱼等等。在这个过程中会遇到很多困难和问题，但他父亲一直乐此不疲。给朋友留下印象最深的就是他父亲一整晚都在琢磨一个设备上的小零件，非常专注和投入。朋友说有时候他在学习上遇到困难，他父亲也会用这种态度和他一起尝试解决，父亲的口头禅就是"再琢磨琢磨"。学习是一件艰苦而又长期乃至持续一生的事情，没有钻研精神和毅力是不行的，钻研的价值在于让孩子对学习"心向往之"，一旦在学习上取得进步和突破，会给孩子带来巨大的喜悦和满足，这对于提升孩子的学习动力特别有益。

（3）父母的教育教养水平

就像干好一项工作需要不断地学习、要付出辛苦和努力、要在实践中反思改进一样，父母的教育教养水平也需要不断提高，而这和父母的价值观、自身的能力素质、文化知识的储备有很大的关系。

中学时老师给每人发了一个本子，要求我们每天写日记，然后每周都要交给老师看。日记越到后来越写不出东西，越来越像"流水账"，有时实在没有东西可写，就偷偷摸摸找别人的作文抄，直到有一天被老师抓来当典型狠狠批评了一次，从此写日记就成了最令我头大的事情，时常叫苦连天。听到我的抱怨，爸爸不仅没批评我，竟然还给我买了一个特别漂亮的笔记本，封面是一个大大的米老鼠，我非常喜欢。爸爸对我说："这种笔记本有一套迪斯尼系列的，你可以得到它们，但前提是要把这本写满了。写日记时，就像是你和米奇在交流，米奇什么都不知道，你要把事情完整地告诉它，并且要把你的想法也告诉它才算是交流，不要糟蹋了这么漂亮的笔记本。"

自从我拥有了那个笔记本，爸爸会经常问我，今天想和米奇聊什么？我总是会把每天遇到的最重要的事情写进日记，把我的喜怒哀乐写进去，就好像米奇真的可以了解我的心情一样。慢慢地，我的作文也写得越来越丰富，越来越多姿多彩了。直到上了大学，我还有写日记的习惯。

（天之骄编著：《这样去做，你一定也是好家长（上）》，中国大地出版社2006）

这个案例中的父亲在知道儿子不愿意写日记后，不但没有训斥、责罚孩子，而且耐心听他的抱怨，之后，父亲用非常巧妙、自然、符合孩子年龄特点的方法"改变"了孩子，尤其是父亲抓住了写作的"本质"——倾诉与交流，调动了孩子写作的兴趣，有效地提高了孩子的写作动力和写作水平。

小时候，我是个不折不扣的电视儿童，动画片、热门连续剧，我是一个都不放过的。每天到了黄金时段，我就会把书桌搬到客厅，边写作业边看电视，作业自然写得很马虎。看到这个情况，妈妈并没有批评我，而是和我商定：周末晚上可自由看电视，平时有好节目得到她的同意也可以看，不过，看了之后，要给她复述一遍，讲述节目的主要内容。从此以后，我看电视变得有节制和有选择了，并且经常给妈妈复述，有时还和她就故事情节或人物形象议论一番。久而久之，自己的表达能力得到了锻炼和提高，有选择地看电视节目也让自己获得了有用的知识，一些科技类和社会类的节目都给我的作文注入了很多新鲜的东西。

此时，妈妈又给我推荐了大量的书和报纸，并且和我一起看，一起讨论。这样我沉溺于电视的状况就彻底改变了，注意力更多地放到了阅读书籍和报刊上。有时候，妈妈还要求我用写日记的方式来记录自己的读书体会。就这样，妈妈不但没有打击我看电视的热情，还巧妙地借助我这一兴趣锻炼了我的表达能力，丰富了我的作文取材资源，培养了我读书的好习惯，使我的写作水平有了明显的提高，作文最终成了我的看家本领。

（天之骄编著：《这样去做，你一定也是好家长（上）》，中国大地出版社2006年）

面对"电视儿童"，恐怕很多父母用的是"戒断法"——我不让你看你就不能看。可是不让孩子看电视的时间他并不一定会用来学习吧，反而可能会因为对父母强硬要求的不理解而以"消极怠工"、"就是不学习"来表达不满。这位母亲很高明，她了解孩子出自本能喜欢看电视，她没有硬性阻止而是因势利导。首先以公平民主的态度和孩子共同制定规则——哪些电视可以看，哪些不可以；其次引导孩子不但要看电视，还要对电视内容进行"加工处理"——复述并发表评论，这无形中锻炼了孩子的记忆、概括、表达、反思的能力，而且为孩子的写作积累了大量的素材。

可以说，这两位父母有相当高的教育教养水平。世界上可能没有什么事情比培养、教育孩子更复杂了，如果父母承认自己对教养孩子有责任的话，就需要不断提高自己的教育教养水平。本书最后一章谈什么样的课堂能够吸引孩子，虽然是向教师提出建议，但其中的一些理念和做法，父母也可以借鉴。

（4）亲子关系

"亲其师才能信其道"，这说明师生关系对于教育的重要性，而亲子关系对于对孩子的学习动力同样也有着深刻的影响。

我读研究生时曾经给一个四年级的孩子做家教，我发现一个奇怪的现象：只要当天他妈妈在家，他就不好好学，喝水、上厕所、罢工、装睡觉、肯定会的题也做不对等等，花样多得不得了，气得妈妈直跳脚，听着妈妈大喊大叫，他就面无表情地像石头一样坐在那里。而如果某天晚上妈妈不在家，他的学习效率反而提高了，也不再搞那些花样了。有一次我问他为什么会这样，他向我吐露："我就是要气气那个老太婆！"我听了觉得心惊胆战，这是一种怎样糟糕的亲子关系啊。

心理学的研究表明，亲子关系分为溺爱、民主、忽视和严厉等四种类型。

在民主型亲子关系中，父母视孩子为与自己平等的个体，他们尊重孩子的人格和尊严，倾听孩子的想法，体谅孩子的处境，以商量的方式提出要求。在这样的亲子关系中成长的孩子往往自信，乐观，有主见，能够为他人着想。在前面的案例中，不爱写日记的儿子和父亲、电视儿童和母亲，就是典型的民主型关系。

在严厉型的亲子关系中，父母是绝对的权威，他们要求孩子言听计从，如果孩子不能达到他们的要求将会受到严厉的惩罚。父母不愿表达对孩子的爱，孩子也很少从父母身上体验到温情，他们之间更像工作中上下级的关系。在这样的亲子关系中，孩子有可能形成双重人格，遇到比他们强的人会屈服，遇到比他们弱的人会使用从父母那里"学"到的强权，而且这样的孩子表现出叛逆行为的比例也较高。

在溺爱型的亲子关系中，父母无条件地、无原则地满足孩子的要求，却不对孩子提出要求和批评，他们为孩子提供泛滥的爱和过度保护。在这样的亲子关系中，孩子会觉得自己是世界的中心，要求别人无条件地满足自己，稍有不顺就会发作，缺乏克服困难的意志。

在忽视型的亲子关系中，父母视孩子为"无物"，孩子无法从父母处得到关注和支持，情感需求长期得不到满足，缺乏温情体验，也不善于与他人建立亲密关系。

下面这个案例可以让我们思考亲子关系对孩子学习动力的影响（http://blog.163.com/furino_723/blog/static/17575616720112281153453l9/）。

"我们宁可一睁眼担心公司的生意不好，也不愿像现在一样每天早上醒来就开始发愁孩子的学习。做生意可能有赔有赚，但孩子一旦对学习没了兴趣，对我们来说可就是赔上一生了。"梁女士最近像个祥林嫂似的，类似的话一遍遍向别人说起。

梁女士的儿子小宇从小就是个宠儿。"我们是从物质短缺时期过来的，不想让孩子受什么委屈。看到别的小孩有，而他没有，我们心里就难受。"梁女士记得，刚上小学时，有一次班里评小红花，奖品是一支铅笔，小宇因为有一次忘带作业而没有得到奖励，哭着回家了。梁女士看到孩子哭得伤心，竟然立刻出去买了10支铅笔给小宇。

家里所有的人都记得这个孩子小时候的优点，"从来没像有的小孩一样撒泼，不给买什么就大闹，他从不哭闹要什么。"后来小宇想起来，这是因为那时候家里人多，自己想要什么，这个人不给，别人可能就会偷偷买回来，自己没有必要再去哭闹。"这道理我很小就悟出来了。"小宇想起这些，还觉得自己挺聪明的。

有一次小宇想要一个 MP3 播放器，小姨主动说，你要是期末考好了，我就给你买一个。考试成绩出来了，小宇考得一塌糊涂。但是小姨第二天还是拿来一个精美的 MP3，而条件则改成"这次就算了，下次一定考好"。一开始物质激励对小宇的学习还能起一定的作用，考不好，他也觉得难为情。可到后来，考得好有奖励，考得不好惩罚也从不兑现，学习对于小宇成了无所谓的事。

后来，梁女士和丈夫一起做生意，家里经济条件更好了。从小宇上小学开始，就是父母用车接送，这在轿车还不普及的当时，很让别的同学羡慕。小宇的成绩一直不好，小升初只能上一个非常普通的中学。后来，全家总动员，通过很硬的关系，小宇上了区里最好的中学。可是，小宇的成绩根本不能和大部分凭分数考进来的同学相比，一个学期后，他很难逃脱成绩垫底的"厄运"，小宇的父母没办法又把他转到了一所很普通的学校。之后，父母对小宇的学习盯得更紧了，但小宇根本提不起学习的兴趣来。

小宇说："我爸爸当时念书，是为了上大学，在城市里找一份好工作，不用在农村种地；爸爸妈妈努力办公司，是为了买房买车，现在这些都有了，那我努力是为了什么？"

以下是梁女士的同事和孩子相处的案例，从中我们可以分析他们之间是一种怎样的亲子关系，与梁女士和孩子的亲子关系有何不同。

梁女士的同事有个六七岁的女儿，很想给自己的芭比娃娃买一套家具，可是同事一直没有答应她。正好女儿要参加一次钢琴比赛，妈妈就给她定了一个目标:"如果能进决赛就可以买。"小女孩为了这套玩具家具,一段时间内练琴非常主动,到时间就自己坐在钢琴前,而且再也不跟家长就一首曲子要弹多少遍讨价还价。

经过一段时间的准备,女儿参加了预赛,以并不算太好的成绩进入了决赛。这时,女儿要求买玩具家具,妈妈还是不松口:"现在买可以,但是只能买一套小的,如果想要大的,要等你决赛拿了名次才能买。"女儿想了一会儿,还是决定参加决赛后再买,因为她还是喜欢那套家具全的,不仅有床、衣柜、梳妆台,还有书架和沙发呢!

又坚持了一个星期的练习,决赛时,女儿发挥得很好,竟然得了这个组的前几名,意外地得到了300元的奖金。小姑娘第一次用自己的努力"挣"来了钱!全家高兴地到商场,让小女孩自己挑了一套芭比的家具,女儿还用剩下的钱顺便给刚出生的小表弟买了一个小玩具。

在这两个案例中,我们当然可以看到小宇父母在具体的教育方法上有问题,但更大的问题在于他们的亲子关系。父母是引导孩子学习的极重要的人物,他们需要扮演指导者的角色,而在这种溺爱型的亲子关系中,父母丧失了扮演好这个角色的条件与资格,这对于促进孩子学习、激发孩子学习动力是非常不利的。

梁女士的同事与孩子的关系更接近"民主型",母亲没有强行要求孩子做事情,也不没有无原则地答应孩子的要求,母亲与孩子采取"协商"的方式做出决定。可贵的是女儿通过努力达到目标,获得巨大的成就感,体验了自己努力的结果,进一步激发了练琴的动力,母亲在这个过程中很好地扮演了指导者的角色。

2. 教师的影响

你能想象吗,一个数学家小时候却极度害怕和厌恶数学。为什么?因为他的老师。可后来为什么还能当上数学家呢?还是因为他的老师!下面就是这位数学家的故事。

我曾说如果我做梦梦到读书,往往就是一场噩梦。那凶神恶煞的算术教师拿着算术课本，用念唐诗的姿态念一个问题的解法，颇像八段锦里的"摇头摆尾去心火"。他把书上的东西照抄在黑板上，然后对着书嘤嘤嗡嗡地念，在炎热的课室里，弄得我们都张着嘴巴，流着口水，昏昏沉沉在打瞌睡。

他突然河东狮吼般地叫："李信明！今有鸡兔同笼，头数有21，脚数有70，问鸡有多少只？兔有多少只？"我吓得两只小腿在那里抖，脑子里什么解题的方法也没有。刚才在昏昏沉沉做白日梦时，我想的是："鸡兔在一起，难道鸡不会啄兔子吗？小兔子和鸡关在里面，不是要遭殃吗？"现在惨了，现在轮到我遭殃了。老师不耐烦，开始骂了："你们真是蠢，教都教不会。伸出手来！"于是，藤条起来，哀号、泪水、鼻涕共一色。回到座位，用火辣辣的、红肿的手擦眼泪和鼻涕，一面希望这堂课早点结束，或者老师明天病了，不必教书；一面恨死算术。

后来初中的老师很好，她有许多书，会给我们看一些现代的书：朱自清的、鲁迅的、巴金的。她也教我们算术，第一个学期算术课我也记笔记，不过，不懂还是不懂。期末考完，和同学对答案，没有一题和别人一样，心里就想"完蛋了"，一定不及格。老师那么好，而自己算术考得那么差，觉得不好意思，就跑到老师的宿舍，向老师借了三本算术书，打算利用期末考后的长假好好研究算术。从小学四则运算、时钟问题、龟兔赛跑……开始看起、算起，每天一大早就做数学。刚开始，与书上答案都不同，但后来就渐渐懂了。

开学后，学校举办各学科的竞赛，那次拿全年级数学竞赛第一名的，不是别人，竟然是我，是李信明！真是莫名其妙，放假前期末考算术不及格，放假后竟拿了第一名。从那时候起，读别的东西也都不怕了，连算术那么难的都能克服，别的更不用说了。很可惜，不久之后，这位我所敬爱的谭老师离开了我所居住的侨居地。是她让我这个对数学恐惧的人不再怕数学，而且有严重自卑感的人站起来了！

（李学数著：《数学和数学家的故事》，新华出版社1999年）

作为一名教师，当我们发现学生缺乏学习动力的时候，一定要反思：

"学生足够喜欢我而愿意坐在这个教室里吗？我的教学是高效而有趣的吗？"那么，什么样的老师能够受到学生的欢迎，能够激发学生的学习动力呢？

（1）人品好

北京师范大学作为培养教师的高等学府，其校训就是"学为人师，行为世范"，对老师的品行提出了很高的要求。著名的苏联教育家加里宁曾说过："教师每天都仿佛在一面镜子里，外面有数百双精致的、敏感的、善于窥视出教师优点和缺点的孩子的眼睛，在不断地盯视着他。"人品好的教师让学生信服、敬重，学生会愿意接受教师的教导并亲近学习，反之学生就会因反感、抗拒教师而远离学习。

我的学生曾晓星在作业中这样描述她的一位小学老师：

> 小学时第一个班主任带给我极其负面的影响，成为我人生中的一片阴影，我真的不明白她为什么就是不喜欢我。一年级开学之前，老师通知大家，有书画才艺的可以交作品给老师，她用来装饰教室。于是我很认真地写了一幅毛笔书法，因为我从幼儿园就开始学书法，已获得过全国比赛少儿级别的三等奖。我自信满满地把作品交给老师，谁知道开学那天，教室里布置着不少书画作品，却唯独没有我的。难道是我写得不好吗，我看了看其他同学的书法，自信绝对不比他们的差，我回家之后很失落。妈妈知道后就打电话问了班主任，班主任告诉妈妈，她不小心"漏了"，改天就贴上，结果"改天"这一天就再也没来。
>
> 一年级期末考试考完，班主任老师宣布班级有两位同学得了双百，没有我，老师对他们进行了一番表扬，我也很是羡慕。这时候，广播里也宣布年级有哪些同学得了双百，里面竟然有我！老师表情尴尬，忙说："对了，还有曾晓星，没想到会有你啊，我感到很意外。"

为什么老师要这么对待一个年幼的学生？我们可能和曾晓星一样，永远无法得到答案，但我们可以感觉得到，这个老师不是一个真诚的人，有时候他（她）自己都无法了解自己的心思。这样的人说话办事往往拐弯抹角、见风使舵，与人交往欲迎还拒、半推半就，不能真诚地对待他人，最后甚至也无法真诚地对待自己，他们的心好像总躲在没有阳光的角落。

教师如果真实而又坦诚地对待学生，他们就会将自己完整而又真实地展现在学生面前，学生就有可能熟悉、了解教师，知道教师的优点，也知道教师的缺点，这样学生才能够"放心地"与教师相处和交往，在亲近老师的同时也亲近学习，从而能够"真心地"听从老师的教导而努力学习。

真诚只是好人品的一个方面，本书有一章分析学生应具备的良好品行，包括善良、宽容、谦逊、真诚、中正等，这五个方面对教师来说同样适用，教师可以参考这一章的相关内容，在人品方面不断完善自己，让自己的人品成为一种无言的教育力量。

(2) 爱学生

我的学生邹蓉在作业中描述了他幼儿园时的老师：

> 那时我五岁，第一次上幼儿园，有一件事情深深地印刻在我的脑海中，或许对老师稍稍的抵触和惧意就是在那个时候埋下了种子。课间休息的时候，我一个人坐在台阶上，有些不舒服，终于没忍住，吐了出来。一抬头，看到的是老师略带嫌恶的眼神，没有任何的关心，她冷冷地将我拉开，处理地上的秽物。
>
> 现在想想，我可以理解老师的不高兴，但是那样的眼神对小孩子来说却是难忘的，我已经不记得当时我的心里是什么滋味儿。长大后，偶尔看到老师对我露出不耐烦的表情，心里总是觉得很难受，渐渐地，我对任何老师都带着一点惧意，因为害怕在他们的脸上看到那种表情。

听我讲座的杜益冰老师与大家分享了一个案例：

> 有一次在幼儿园上课，这个班上有一个长得很可爱的小女孩，她身边坐了一个小男孩。我用余光看到小男孩在亲小女孩，那时我才进幼儿园当老师，不知这是怎么回事，就看了看旁边帮我配课的老师。她问那个小男孩，你在干什么？小男孩说，我在结婚。那个老师说"先上课，等下课后再去结婚"。可是小男孩的注意力还在跟小女孩"结婚"上面，

接下来那个老师很严厉地点着那个小男孩的名字说："不要太恶心人，要恶心下课去恶心。"

看了这两个案例，我真的非常难过。如果一个老师的学科知识不丰富、教学技能不熟练，那么还有弥补和提高的机会，但一个老师如果没有爱心的话，这个缺陷是致命的，对学生的影响是极为消极的。我能够理解，老师不是圣人，他们有好恶，有喜怒哀乐，但是，一旦他们面对学生，就必须认识到自己的专业身份，教师对学生要有爱是这个职业必然而又天然的要求！

"医者仁心"，当大夫要有一颗仁慈的心；"师者爱心"，当教师必须有一颗爱学生的心。学生的心是柔弱而又纯洁的，更需要我们"小心轻放"。大教育家陶行知说：

> 你不可轻视小孩子的情感！他给你一块糖吃，是有汽车大王捐助一万万元的慷慨。他做了一个纸鸢飞不上去，是有齐柏林飞船造不成功一样的踌躇。他失手打破了一个泥娃娃，是有一个寡妇死了独生子那么悲哀。他没有打着讨厌的人，便好像是罗斯福讨不着机会带兵去打德国一般的怄气。他受了你盛怒之下的鞭挞，连在梦里也觉得有法国革命模样的恐怖。他写字想得双圈没得着，仿佛是候选总统落了选一样的失意。他想你抱他，一会儿你偏去抱了别的孩子，好比是一个爱人被夺去一般的伤心。

在雨果的名著《悲惨世界》中，主人公冉阿让身陷牢狱19年之后，终于获得一纸假释令，得以离开不见天日的牢狱生活，然而这并未让他在社会上获得真正的自由，反而处处遭人歧视。他流浪街头，笛涅的主教米里哀好心收留了他。夜半时分，他贼性不改，偷走了主教家的一只银烛台，不料却被抓到，警方把他带到主教的面前对质，令他惊讶的是主教非但没有揭发他，反倒说银烛台是他送给冉阿让的。警方悻悻然走后，冉阿让跪求原谅，主教要他宣誓将灵魂交付上帝，自此重新做人，并将另一只烛台也送给他。冉阿让感受到慈悲的力量，决心再创新生。最终他成为市长，帮助了很多需要帮助的人。

老师们请相信，在这个世界上，最能够改变人的力量就是爱，而爱缘起于一个人温暖而又善良的心。一个好老师一定很在乎他的学生，他可以斥责学生，对学生提出严格的要求，学生会愿意接受，并会从中收获感动。一个老师如果不爱学生，师生之间自然就竖起一个屏障，教育又从何谈起呢？在前面的案例中，李信明从恐惧数学变得喜欢数学、热爱学习，最重要的原因就是感受到了老师的爱，因为老师的爱，他觉得不好好学习就对不起老师。让学生感受到教师的爱，这实在是提高学生学习动力十分重要的方法。

（3）认真敬业，教学水平高

教学的过程就像老师带着学生爬一座山，知识丰富、教学水平高的老师就像一个好的向导，不但能带着学生品尝成功的喜悦，而且能让学生看到沿途最美的风景。

我的学生邹蓉在作业中这样回忆她的英语老师：

> 带过我们三年的英语老师比较年轻，为人也很好强，因而能够成为我们这个全校最好班级的老师，但是三年来，我们班的英语成绩却一直平平。为此，她朝我们发了多次脾气，每一次都抱怨我们不够努力，对英语不够上心。天地良心啊，我敢说我们班每一个同学花在英语上的时间绝对不比任何一个科目少，甚至还要多。几乎每一次月考之后，她都要如此这般的念叨一遍，但是从来没有想过她自己的原因。每次上课好几份报纸，两本复习书，天知道她都讲了些什么，因而每次上课我们都会有那么一点点的混乱，而她每次上完课也就那么走了，没有留下任何关于下节课内容的信息，作业也没有详细地说清楚，如果有同学忘记了做作业，她便会冷言冷语。

教学相长，对老师来说，教学的过程也是一个学习的过程。在教学过程中，教师是主导者，教师要时时反省自己的教学方法是否得当，从而与学生一起进步，而不是一味要求学生却放松了对自身的要求。

我的学生李睿涛在作业中提到他高中时的一位老师：

> 高中的一生物老师M，不算年轻，但却时尚漂亮，本来是很能获得

学生好感的老师类型。可是课上了一段时间后，我们发现这个老师有两个特点：不板书、不备课。不板书这倒也没有什么，但是不备课这就着实有些让人受不了。在习题课上，对那些题目她比我们还陌生！一般M老师会先找同学起来读每道题的题干，然后让我们说答案，如果听到有同学喊正确答案，那么这道题就忽略过去不讲了；如果大家都不会或者做错了，那么老师就会临时思考一下，三言两语，轻描淡写地对付过去——而这种解释往往免不了不完备，甚至会出现错误。老师这种不负责的态度，直接导致生物成为我们班理综成绩的软肋。

一个人的能力有大小，在某个领域的天赋也存在差异，因此教师的教学水平在客观上必然有高有低。但是作为一名教师，认真敬业却是一个必然的要求，是一种重要的职业态度。认真和敬业是提高自身教学水平的必要条件，这点毋庸多言，同时，认真和敬业还会给学生做出表率，激励学生努力学习。此外，认真和敬业也向学生表明一种态度：我在努力工作，因为你们值得我为此而努力，这是对学生表达信心和更高的期望，对于激发学生的学习动力非常有价值。

徐英杰，天津市电子计算机职业中等专业学校教师，由于在职业教育岗位上成绩突出，2010年9月被教育部评为首届"全国教书育人楷模"。他说：

> 我自己的感受是，要想教好学生，前提是让学生服你。从刚当老师开始，我就有这么个想法——让学生问不倒。从我踏上教学岗位开始，我就买书看书，学校所有跟我专业有关的课，我全都熟悉。只要学校开新课，我就第一个去讲，我利用讲课达到督促自己学习提高的目的，给学生讲课，是最好的学习方式。不同的学生问一道题，角度会不一样，能让你获益良多。我感觉自己每讲一堂课，自己就彻彻底底学会了，每教一门课就学一门新知识，知识就是这样积累起来的。

（武东翔：《传道授业解惑 一路追随的方向》，《中国教育报》2011年5月24日）

我相信老师总有被学生问住、问倒的时刻，像徐英杰那样不断充实和超越自我，不断丰富自己的知识，提高自己的教学水平，这是每一位教师都应具备的专业态度。另一方面，如果教师知识丰富、教学水平高，就会使学生学得更轻松、更有乐趣、更有成就感，这无疑有助于提高学生的学习动力。

（4）有威信

我的学生郑琦在作业中描述了她的高中班主任——魏老师。

我的高中班主任是物理老师，姓魏，我们更愿意称呼他为"老大"。老大是班里的绝对领导，只要是老大制定的目标、提出的要求，全班同学都会齐心协力地去完成，学习成绩、卫生、课外活动等等，每个方面我们班都是全年级的优秀。

老大上课从来不写教案不带书，每次都是象征性地拿个本子进来，丢在讲台上一眼都不看。每节课的板书都印在他脑子里，课上得行云流水，板书也写得极富条理。只要做好笔记，所谓的"骨架"——重要的知识点就全部串连起来了。至于其他的"筋肉"——零碎的知识点——就是我们自己课下要自学的，老大虽然课上不讲，但是绝对会提问到，学生给出的答案和书上差几个字都会被指出来。

老大在高中这三年组织了各种校外集体活动，师生之间、同学之间的交流增多了，形成了非常融洽的同学关系和班级氛围。高一寒假，我们一同参观了长春第一汽车制造厂。在各种不同的流水线前，老大顺带着帮我们巩固了刚学过的热学、力学知识。老大的评论也是极富个人特点的，面对汽车厂停车坪上清一色2.4排量以上的汽车，他斥其浪费资源："插俩翅膀能当小飞机开了！"

高一第二学期的五一假期，老大组织我们全班来了趟"红色之旅"，取道西安、延安、西柏坡等地，历时7天，游览了黄帝陵、枣园、兵马俑、华清池、西柏坡伟人故居。旅行归来，集班里所有人的旅行笔记和照片，同学们做出了一本共62页的《红色记忆》全彩班刊。我们还举办了一场"红色之旅"主题的班会，同学们分6组，每组都表演了取材自"红色之旅"的小短剧，会乐器的同学自发组织排练了《东方红》主题变奏曲。即使这么"折腾"，我们班的总成绩依然在年级前列。学习并快乐着，确实可以兼得。

　　高二下学期，老大选择了刚开发不久的内蒙古阿尔山。在阿尔山第二天的傍晚，老大自己掏腰包请我们全体27名同学吃烧烤。夜晚的阿尔山很冷，同学们一个个冻得哆哆嗦嗦，老大自己一个人喝着白酒优哉游哉。有男生开玩笑地找老大讨酒喝，老大说："不行，等你们毕业了咱再一起喝。"在毕业聚会上，在场的男生每个人都跟着老大一起喝了酒，好像是一个仪式一样，标志着我们终于从老大那里毕业了。

　　高三毕业的时候，我们班一共有13名同学考上了北大、清华，全班都过了一本线。作为班里非常不起眼的一名学生，我当时觉得而且现在也依然这么认为：有师如此，幸甚；有学生时代如此，幸甚！

看完这个案例，我不禁和学生一起感慨"幸甚，幸甚"。魏老师最明显的特点就是他是一个有威信的老师。威信指"威望与信誉"，威信不是趾高气扬，更不是粗暴野蛮，衡量一个老师是否在学生心目中有威信最重要的标准就是学生是否信服老师，是否亲近老师，是否愿意接受老师的指导和教诲。因此，有威信的老师和学生相处时有严肃的一面，也有活泼的一面；有发号施令的一面，也有合作的一面；有严厉的一面，也有温情的一面。

学生将在基础教育阶段付出12年！某种意义上，他们把自己很美好、很重要的一段人生交给了老师，老师应当是一个值得信赖的人。教师建立威信就要承担责任，有勇气带着学生在学习这条艰难而又迷人的道路上共同跋涉。有威信的老师能够给学生安全感，能够在学生面临困难时减轻其迟疑和顾虑，从而更加坚定地投入学习。

3. 学习内容与学习方式

学习内容和学习方式本身也对学生的学习动力有很大的影响。听我讲座的易娜老师在作业中分享了她的一段经历：

　　2003年我师范毕业，被留在当地一所重点小学当音乐教师，担任一年级音乐课教学工作。第二学期由于承担六年级音乐课的同事休产假，她的课分配给了包括我在内的五位老师。

有一天，一位同事上完六年级的音乐课回到办公室，显得十分懊恼，高年级的孩子简直无法无天，完全不受纪律约束。更让她感到无能为力的是，这些孩子对音乐课本上的音乐"嗤之以鼻"，对流行音乐，尤其偶像歌手却是顶礼膜拜。他们一上课就要求老师给他们听周杰伦的歌，老师按教材的内容让他们欣赏《我的祖国》，竟然引起哄堂大笑。

我开始焦虑起来，因为第二天我也要去上课了。我苦恼地一遍一遍地读着歌词，哼着歌曲的旋律。这时，一个想法从脑海里闪过……嗯，明天就这样试试吧！

第二天，我怀着忐忑的心情进了教室，心里不断地祈祷，但愿这是个"听老师话"的班。我刚介绍完自己，后排一个男孩就把手举得老高，"老师，我们要听流行歌曲。"我故作镇静地说："老师今天没带流行歌曲的磁带，如果你们表现好，下次我带来。"好几个孩子都举起了手，"老师，我有！""我有周杰伦的！""我还有林俊杰的！"……

我想，今天的课肯定不能按教材上了，这个时候只能冒险试试昨天的那个想法。我突然问："我们班谁最会朗诵？"孩子们立刻活跃起来，"老师，×××是我们全校朗诵比赛第一名。"我请她上来并要求所有孩子仔细地默读一遍歌词，很不错，大部分孩子们开始按我的要求去默读。我低声告诉女孩："等一下请你为全体同学朗诵这首歌词，要有感情地朗诵。"女孩点点头，开始做准备。我问默读完的孩子们："你们刚才默读完歌词，发现这首歌词像我们平时语文课上学的什么？"一部分孩子回应："像诗歌。""是的，这歌词就是一首优美的诗歌。下面，我想请×××同学为我们朗诵一下这首歌词，你们想听吗？"孩子们这时几乎是异口同声地回答"想"。女孩朗诵得非常棒，不愧是"朗诵第一名"，连我自己听完都觉得原来这首歌词是这么美！听完女孩的朗诵，孩子们热烈地鼓掌。

我的脑海里又冒出一个想法。我说："孩子们，看，'一条大河波浪宽，风吹稻花香两岸，我家就在岸上住，听惯了艄公的号子，看惯了船上的白帆'，多么美的一幅风景画啊！我们班谁最会画画？"孩子们齐刷刷地指向一个男孩,"××,我们班长。""我想请班长把刚才那首歌词描述的情景画成一幅画,你们想看吗?"孩子们兴奋地说:"想!想!"班长受到同学们的鼓励,开始去找各色的粉笔。我对孩子们说:"班长为我们画画的同时,你们也有一件事要做,老师等一下会播放《我的祖国》这首歌曲,你们要仔细地听,一边听一边感受歌曲的意境,看看班长是不是把这种意境表现出来了。"

接下来,我按下了录音机的播放键,孩子们安静而专注地注视着班长作画,从他们的表情中,我感到他们正沉浸在歌曲的意境里,在欣赏这首歌,也在想象歌词所反映的那幅画。没想到在歌曲结束的那一刻,班长也漂亮地完成了作品。我不知道如何形容这幅画是多么生动地诠释了这首歌曲的意境,画和着优美的旋律打动了课堂中的每一个人,以至于歌曲放完了,教室里出现了短暂的安静,学生们仍沉浸在这歌曲和画中。下课时值日生准备擦黑板,孩子们都大叫:"别擦!别擦!"

我想,当孩子们以后听到《我的祖国》这首歌曲时,他们会由衷地赞美这首歌,他们的脑海里也会有一幅美丽的图画。

多么美好的一堂课!令人遗憾的是,在学校中这样的课却不多。我建议那些抱怨孩子不爱学习的父母以学生的身份坐在教室里听课,完成老师布置的作业,看看能忍受多长时间。对很多学生来说,能够经年累月地忍受这样的生活,不得不说是一个"奇迹"。当前的教育类似工业化的生产线,学习的内容有很多并不符合学生的认知规律与兴趣特点,学习和教学的方式有时也存在很多问题,同时,学习还相当艰苦,学生要面临分数和升学的压力,因此,他们很难从学习中感受到乐趣,体会不到成就感,看不到学习的意义,他们只是为了冷冰冰的分数而竭尽全力,这很有可能让学生失去学习的兴趣和动力。

因此,有时不是学生出了问题,而是我们的教育教学出了问题!提高学生学习的动力有时要改变的恰恰是学习的内容和教学的方式!本书最后一章分析什么样的课堂能够吸引学生、调动学生的学习动力,希望对教师优化教学能有所帮助。

4. 文化和氛围

一方水土养一方人。如果一个学生所处的家庭和社会环境有着"尚学"的氛围，人们认为读书高尚、学习重要，学生在这样的文化和氛围下成长就会有更大的机会迸发学习动力。

北京航空航天大学同一宿舍的7名男生，3个被保送读硕士研究生，1个被保送直接攻读博士学位，其余3人也全部考上北大研究生。即使现在研究生扩招，这种整个宿舍"全中"的例子在高校里也不多见。

他们都来自北航2001级计算机系，7位同学读大一、大二的时候都曾住在大运村的大学生宿舍里，读大三时他们都提出申请回学校住，因为他们都是贫困生而得到批准，并幸运地凑到了一起。

进入同一个宿舍后，相似的成长经历使他们找到了志同道合的感觉，他们不仅有很多共同话题，还在学习上互相促进。大三的汇编语言课程难度较大，他们就在实验室一起编程序，谁的程序有问题大家就一起帮忙调整。

7个人的学习成绩一向不错，大家都觉得学技术学科，本科阶段只能算是打下了基础，要想有所作为还得继续深造，而且很多大公司现在都只招研究生，所以7个人相互鼓励共同开始为考研努力。他们系共有300余名学生，能够被"保研"和"直博"的学生只有30多个，他们宿舍就有4个人因成绩优秀被保送。在为考研紧张备考的半年时间里，已经被保送的4个人尽量不给其他3人造成干扰，以前大家晚上喜欢聊天，经常一聊就到夜里一两点钟，这半年时间里"卧谈会"自动取消，除非考研的人复习得"郁闷"了，大家才一起轻松地聊聊天。

当时图书馆的自习座位十分紧张，他们就轮流早上6点起床去占位置。袁永勤说他们当时一起在图书馆上自习，叶长安可以一个上午不抬头，这种定力给了他最大的鞭策。说起全宿舍公费读研的"战绩"，他们说宿舍的氛围很重要，他们宿舍最大的特点就是不沉迷于网络游戏。邓柏伟以前住大运村时，宿舍同学都喜欢玩游戏，他也经常加入其中，几个宿舍联机一玩"星际争霸"就是一夜。那时他的成绩只能算中等。进了新的宿舍以后,他发现室友们都不爱玩游戏,也不好意思一个人"颓废",于是开始跟着室友们上自习。他说要是不在这个宿舍,自己就不可能考上北大的研究生。

(http://edu.qq.com/a/20050427/000733.htm)

老师和家长们,请重视周围的文化和环境对学生学习动力的影响。孟母为何要三迁,就是为了让自己的孩子生活在一个更好的环境中;为什么"穷人的孩子早当家",因为他们处在一个为了生存必须努力的环境中;为什么"富家子弟多纨绔",因为努力和拼搏对他们来说没必要,也没有意义。学生们看的电视、玩的游戏、他们的同伴、他们所居住的社区、教师和家长对学习的看法都构成了学习的氛围和环境,影响着学生的学习动力。例如,在一个班级中,如果学生们觉得学习是愉快的、有收获的,同学之间的关系是和睦的,同学们能够分享彼此的成功,这就成为良好的班风,良好的班风一定有助于提升学生的学习动力。

环境对学生的影响在其幼年阶段最为明显和深刻,此阶段是学生形成学习动力的关键期。中国有句俗语:"三岁看大,七岁看老。"这在一定程度上体现了个体最初的经验、习惯对其一生有着深远的影响。个体在幼年阶段面临多种可能的发展方向,此时的引导和规范将使学生朝某个特定的方向发展,一旦变成习惯,就会成为持续、稳定的行为与心理特征。最初的习惯养成就好像将一列火车在岔路口引入某条轨道,之后,列车就会朝着某个方向飞驰。为什么在现实生活中有很多"子承父业"的现象,这是因为在孩子幼年时父母给予某个方向的引导,为孩子以后的发展打下了基础。著名乒乓球运动员邓亚萍的父亲是一名乒乓球教练,在邓亚萍幼年的时候就训练她打球,让她觉得每天打乒乓球艰苦训练是一件自然的事情。

因此,在学生刚入学的时候,让他们形成对学习的兴趣,形成良好的学习习惯是非常重要的。如果此时学生发现学习是可接受的甚至是有趣的,就会投入其中,这样的状态能持续一段时间的话,学习会成为习惯,对学习产生兴趣将会变得更加自然。学生在学习过程中可能会面临相当多的困难,父母和教师一定要注意观察，及时为学生提供帮助和支持，让学生从学习中获得乐趣和成就感，为学生有一个成功的"出发"奠定基础。

5. 时间与成长

时间是一把威力无穷的刻刀，会悄悄让一个人发生巨大的改变。一个爱看动画片的学生，可能过了一个暑假就对动画片兴趣大减；曾经挎着妈妈的胳膊逛街的男孩可能几个月后就羞于和妈妈一起上街；一个曾经欺负女同学的坏小子过了几年却成为举止得体的有为青年。我们有什么理由不相信在时间这把刻刀的影响下，一个不爱学习的学生会发生改变呢？这个改变可能源自对父母背影的一瞥，可能源自一次痛彻心扉的经历，可能源自亲密同伴的榜样，可能源自对生活重新的审视——这就是时间和成长的力量！

以下是我的学生谭皓在初中时的一段经历：

初二的一个中午，学校广播里放了一首歌，起初我只是被旋律吸引，但逐渐地我更多地被歌词所吸引。之后，我开始收集各种歌曲的歌词，这些歌词有的颓废，有的美好，有的华丽，有的平实，那时的我真的非常喜欢这些歌词，并幻想这些词是出自自己的笔下。

我开始尝试写一些歌词，接着是散文与诗歌，每一个华丽的句子就像是跳动的音符，在平静的湖面划出丝丝悸动的波纹。这样的尝试一发不可收拾，我开始花很多时间斟酌字句，开始深入思考一些有关人生的问题。这花掉了我大量的时间，以至于我开始敷衍甚至不写作业。在政治考试时，我用一篇散文作答一个二十分的论述题，结果只得了三分；初三时，我人生中的第一篇检讨在我笔下变成了一首诗歌！

为了使文章更有深度，我只能不断思考，思考得越多，就陷得越深。我的学习成绩直线下降，从全校第十名掉到全校二百八十名。迫于应试的压力，父母和老师开始采取措施。一开始，父母所能想到的就是说服教育，发现我的学习仍然毫无起色之后，便开始采取强硬措施：撕掉我写在小本子上的诗歌，要求我不要和任何女生来往，每天作业到十一点后才完成便会挨一通打骂，每次考试名次没有进入前一百名要跪一个小时或者被打。这有一定效果，但我依然花大量的时间写歌词，此时身上的疼痛与精神的煎熬仿佛都会消失，即便文字晦涩而悲伤，但紧绷的心会在创作的瞬间获得一丝释放。

我开始发现自己找不到一个可以交谈的人，于是我用幻想来麻醉自己：我和橡皮擦、文具盒对话，抚摸着叶子对它问好，把掉在地上的书包捡起来问它会不会很疼。我的成绩依旧没有起色，在层层的重压中，希望与我渐行渐远。当你感觉这个世界不再承认你的存在时，你自然会疲惫。当你真的疲惫时，你自然会想到结束。"死了，就都结束了。"一个十四五岁的男孩在八楼的阳台上一边抹着眼泪，一边反复思考这句话。

人生的某个片段总会有个结局，而结局往往出乎意料。在我发疯一般砸了自己卧室里的东西之后，父母已无计可施，经校方同意，我被强制转学到另外一所中学。我曾经在这所中学读了半年初一，有很多朋友在这里，几乎没有任何不愉快的经历。当时离中考还有大约五十天的时间，我住在老师家的一个小房间里，房间很拥挤，但是靠外侧的墙上有大大的玻璃窗，当时正是夏季，每天屋内都很明亮。在这里安定之后，我开始突击复习。老师偶尔和我谈人生，偶尔给我讲我的父母，我的文章继续那样写。自己突然感觉很踏实很平和，学习也异常顺利。几天后的地理测验，我竟然考了班上第二名，随后成绩跳跃式上升。中考的时候，我的成绩排名全县第五，这个分数在以前的学校排名第二。

这个学生的经历真是让我们感慨，我们每个人的人生又何尝不是如此?!没有哪个人的人生遵从一个既定的时间表，不偏不倚地走在一条既定的、正确的道路上。是什么让谭皓的学习动力跌宕起伏，是什么让他在转学后发生了改变？可能他自己都没有答案，这是一个秘密，一个有关时间和成长的秘密！

因此，教师和家长需要学会等待，需要给学生一个成长的空间。这就好像两个人闹矛盾，当下不要把话说绝，也不要把事办绝，要留有余地，随着时间的流逝，有很多的机会尽释前嫌，冰雪消融。面对学习动力不足的学生，千万不要逼得太紧，不要让学生厌恶和放弃学习。这就好像一个人偏离跑道，跑得很快，此时离心力很大，用绳子拉着他的话要注意力道，不能太松，也不能太紧，太紧的话如果把绳子挣断了，这个人就会彻底地甩出去，再也回不到正确的跑道上了。教师和家长要相信，成长是孩子自己的事情，要相信成长的力量，有些问题要交给时间去回答，要把目光放长远些。

最后，请教师和父母结合第一章和第二章的内容，仔细考虑那些决定和影响学生学习动力的因素，在尽可能的范围内进行调整、改进。在这个过程中既不能放弃努力或感到灰心丧气，也不要不顾学生的自身特点和成长规律而盲目用力。

必须承认，决定、影响学生学习动力的因素如此复杂，由于我们自身能力有限，或环境因素不易改变，最终的结果也许是我们无法有效提升学生的学习动力，在现实中也确实存在为数不少的学生，直至离开学校都对学习缺乏动力。此时应当怎么办？这样的孩子将来还会有出息吗？对此我们将在下一章进行分析。

教育教学启示

1. 教师和家长的素质和教育教学水平是影响学生学习动力的十分关键的因素，教师和家长应该在观念、能力素质、学识、教育教养方法等方面不断提高和完善自己。
2. 优化学习内容与学习方式，提升教学的有效性和趣味性，这是提高学生学习动力最有效、最直接的因素。
3. 学生们看的电视、玩的游戏、他们的同伴、他们所居住的社区、教师和家长对学习的看法都构成了学习的氛围和环境，让学生处于"尚学""乐学"的环境中，这对于提升学生的学习动力很有益处。
4. 时间会改变学生，学生的改变也需要时间。学生成长的路径有时无法预料，在时机没有成熟时，有时外力的作用并不能改变学生，甚至会产生糟糕的副作用。教师和家长要给学生留有一定的空间，要耐心等待时间这个无形的力量改变学生。

成绩不好的学生
还会有出息吗

——多元智力与个体差异

> 斌斌上初二了,他是一个不爱学习的孩子,学习成绩也较差,这可真让妈妈发愁。可是,斌斌一点也不笨,只要是他感兴趣的事情,他就会非常投入而且学得特别快。斌斌还有一个非常突出的优点,就是人缘好、组织能力强,班上组织什么活动,老师都让斌斌当助手或者干脆放心地交给他,斌斌总能把老师交代的任务完成得有模有样。斌斌妈妈的一个同事跟她说:"初二可是关键阶段,孩子不愿学你就得逼他学,不然将来上大学就没指望了,这辈子就毁了,你可不能心软。"看着开朗大方的斌斌,想着同事的话,妈妈的内心很矛盾,不知道该怎么办。像斌斌这样学习不好将来还有出息吗?

根据前两章的分析,从某种意义上来说,学生缺乏学习动力需要改变的不是学生,而是学习环境中的各种因素。因此,对学习动力不强、成绩不好的学生，从前述影响学习动力的多个方面进行有针对性的优化，进而提高学生的学习动力，这当然是一件好事情。

但我们必须清醒地认识到，影响学习动力的因素非常多，这些因素的改变可能是一个复杂而又困难的过程。例如，中、高考的竞争使得学校只用成绩这一把尺子衡量所有学生，学习在很大程度上变成了应试，学习内容和学习方式令人感到枯燥和痛苦，因此，相当比例的学生缺乏学习兴趣是必然的。

在现实中也确实存在为数不少的学生，直至离开学校都对课堂学习缺乏动力。我们能眼睁睁看着他们在学校"混"日子，最终一无所获地离开学校吗？他们未来还有出路吗？

著名教育培训机构"新东方"的创办者俞敏洪认为：

> 孩子是有区别的，但是只要你的孩子没到白痴水平，只要孩子能正常走进教室上课，就能够做出重要的大事来。比如胡雪岩只上了两个月的学，但最后变成了最厉害的商人，而且还心怀大志，这就是很好的例子。我是中国企业家协会的副会长，这个协会有一千多个企业家，北大、清华、复旦毕业的还不到二十个，有很多是普通高校毕业的，还有的是农民、工人、中专生、大专生等等，但他们都是成功的企业家。所以学校教育只能决定人生的一部分，不能决定一切。

在学校学习、考大学就像餐馆提供的"一道菜"，但是，餐馆不能也不应只有一道菜，因为顾客的口味是不同的。每个学生都很宝贵，都有获得"与众不同"的发展的权利。下面介绍两种心理学理论，分析如何基于个体差异发现每个学生的优势和特长，促进每个学生更好地发展。

1. 人业互择理论

霍普金斯大学心理学教授霍兰德于1959年提出了具有广泛影响的"人业互择理论"，这一理论根据劳动者的心理素质和择业倾向，将劳动者划分为6种基本类型，相应的职业也划分为6种类型。

（1）社会型：喜欢与人交往，不断结交新的朋友，善言谈，愿意与他人进行思想上的沟通与交流，关心社会问题，渴望发挥自己的社会作用。适合从事与人打交道的工作，从事提供信息、启迪、帮助、培训、开发或治疗等事务，如：教育工作者、社会工作者、咨询人员、公关人员。

（2）企业型：追求权力、权威和物质财富，具有领导才能，喜欢竞争，敢冒风险，有野心，有抱负，做事有较强的目的性，习惯以利益得失、权力、地位、金钱等来衡量做事的价值。适合经营、管理、劝服、监督和领导等方面的工作，如项目经理、销售人员、营销管理人员、政府官员、企业领导、法官、律师。

（3）常规型：尊重权威和规章制度，喜欢按计划办事，细心、有条理，习惯接受他人的指挥和领导，自己不谋求领导职务。通常较为谨慎和保守，缺乏创造性，不喜欢冒险和竞争。适合记录、归档、根据特定要求或程序组织数据和文字信息的职业，如秘书、办公室人员、记事员、会计、行政助理、图书馆管理员、出纳员、打字员、投资分析员。

（4）操作型：愿意使用工具从事操作性工作，动手能力强，做事手脚灵活，动作协调，偏好于具体任务，不善言辞，做事低调，缺乏社交能力，通常喜欢独立做事。适合从事机械、手工和野外作业等方面的工作，如计算机硬件设计、摄影师、制图员、机械装配工、木匠、厨师、技工、修理工、农民等。

（5）研究型：抽象思维能力强，求知欲强，肯动脑，善思考，喜欢独立的和富有创造性的工作，知识渊博，有学识才能，不善于领导他人，喜欢智力的、抽象的、分析的、独立的任务。适合从事智力分析及理论思考方面的工作，如科学研究人员、学者、自由撰稿人、教师、工程师、电脑编程人员、系统分析员、医生。

（6）艺术型：有创造力，乐于创造新颖的、与众不同的成果，善于表达，渴望表现自己的个性，实现自身的价值。做事理想化，追求完美，不重实际，具有一定的艺术才能和个性。适合要求具备艺术修养、创造力、表达能力的工作，如艺术方面（演员、导演、艺术设计师、雕刻家、建筑师、摄影师、广告制作人），音乐方面（歌唱家、作曲家、乐队指挥），文学方面（小说家、诗人、剧作家）。

学生最终要走入社会，面对社会的检验。霍兰德的人业互择理论提醒我们，要从学生未来在社会中的"职业角色"反过来审视他们在学校应得到怎样的教育，获得怎样的发展，将学生的学习与其未来的发展更紧密地联系起来。

　　社会需要多种类型的人才，不同的职业对人的能力有不同的要求，这就要求我们的教育不能培养一模一样的人。就像俞敏洪提到的，很多企业家的学历并不高，但他们是典型的"企业型"人才，这样的人"具有领导才能，喜欢竞争，敢冒风险，有野心，有抱负，为人务实，做事有较强的目的性，具备经营、管理、劝服、监督和领导才能"，这岂是一个人学习成绩好就可以胜任的？

　　有些学生学习成绩不好，对此我们一方面要分析其成绩不好的原因，在可能的情况下帮助其改善，但比这更重要的是，不能只盯着学生成绩不好这个缺点，更不能因此而对学生放弃希望，而是要发现其独特的、与众不同的优势和特长，帮助学生走上"他应该走的那条路"，这才是最成功的教育。成绩不好的后果是上不了大学，可是比这个更严重、更糟糕的是学生因为成绩不好而失去自信，进而对学习产生惧怕和厌恶，失去了自我发展的动力，这样就会形成恶性循环，最后学生将背负"失败者"的烙印一无所获地离开学校。

　　中国的童话大王郑渊洁最高学历只到小学 4 年级，而且是被学校开除的，以后没有再上过学。为什么被开除？当时老师布置一篇作文《早起的鸟有虫子吃》，这样的作文学生多数是按套路写——"勤能补拙，天道酬勤"，但郑渊洁按照自己的想法写成《早起的虫子被鸟吃》。这简直把老师气坏了——不但不按老师布置的写，还把作文的意思完全反过来！面对老师的羞辱，郑渊洁引爆了藏在身上的拉炮，这最终导致他被学校开除。

　　由于郑渊洁的桀骜不驯，他很可能无法按照应试的标准获得好成绩，但他的思维的独特性和想象力，恰恰是"艺术型"人才很重要的品质，写童话正是非常适合他的职业。对郑渊洁这样的学生来说，物理、数学、化学等学科成绩不好也许根本没关系，相反，如果他把大量的时间花费在这些学科上，那才是巨大的浪费——他可能会成为一个能考上大学却写不出童话的人。某种意义上，郑渊洁离开学校恰恰使他独特的品质被保留下来，从这个角度看，没有再上学对他来说是一件幸运的事情！不幸的是，中国的学校里还有很多郑渊洁这样的学生在受着煎熬，更不幸的是，从低年级到高年级，郑渊洁这样的学生很有可能没有了——被我们的教育淘汰了！

苏霍姆林斯基曾说："从我手里经过的学生成千上万，奇怪的是，留给我印象最深的并不是无可挑剔的模范生，而是别具特点、与众不同的孩子。"这就是教育家和教书匠的区别！教育家能看到学生的优点和特长，而教书匠只会看到学生的不足，只会拿自己心中的"一把尺子"来衡量所有的学生，对不符合自己标准的学生要么放弃，要么感到讨厌。

2. 多元智力理论

下面介绍美国著名心理学家加德纳教授的"多元智力理论"。家长和老师们，你们的孩子或学生中有没有成绩不好，不爱学习，却在以下这些方面表现突出的？

- 组织活动交给他很放心，计划能力、领导力都很强；
- 写作业的时候在上面配插图，虽然你看了很生气，但插图确实画得好；
- 上课不听讲，偷偷用打火机零件做了个小摩托；
- 爱看书、有想法、作文写得好，就是不按套路写，不肯背范文；
- 热爱动物和大自然，说起家里养的小动物眉飞色舞；
- 问题多得不得了，不停地问"为什么"；
- 运动能力特别强，身体协调性好；
- 喜欢音乐、唱歌棒、喜欢表演。

我们经常会夸奖成绩好的学生"很聪明"，可是具有上述这些特点、成绩不好的学生"也很聪明"，只不过二者的聪明不是一种类型，这就是加德纳多元智力理论的核心——过去对智力的定义过于狭窄，未能正确反映一个人多方面的、真实的能力。他在《智力的结构》（Frames of Mind, Gardner, 1983）这本书里提出，人类的智力至少可以分成七个范畴（后来增加至八个）：

（1）语言智力。主要是指有效地运用口头语言及文字的能力，即听说读写能力。表现为个人能够高效地利用语言描述事件、表达思想并与人交流。这种智力在作家、演说家、记者、编辑、节目主持人、播音员、律师等职业上有更加突出的表现。

（2）逻辑智力。这方面智力表现突出的人在学习和工作时注重逻辑和推理，喜欢提出问题并通过探索以寻求答案，擅长寻找事物的规律，对科学的新发展有兴趣，即使他人的言谈及行为也成了他们寻找逻辑缺陷的好地方，对可被测量、归类、分析的事物比较敏感。

（3）视觉空间智力。视觉空间智力强的人对色彩、线条、形状、形式、空间及它们之间关系的敏感性很高，感受、辨别、记忆、改变物体的空间关系并借此表达思想和情感的能力比较强，表现为对线条、形状、结构、色彩和空间关系的敏感，以及通过平面图形和立体造型将它们表现出来的能力。空间智力可以划分为形象和抽象的空间智力两种，形象的空间智力为画家的特长，**抽象**的空间智力为几何学家的特长，而建筑学家，形象和抽象的空间智力都擅长。

（4）肢体动作智力。善于运用自己的身体来表达想法和感觉，这类人喜欢动手建造东西，喜欢户外活动，与人谈话时常用手势或其他肢体语言，他们通过身体感觉来思考。这种智力还表现在能够较好地调节和控制自己的身体，对事件能够做出恰当的身体反应以及善于利用身体语言来表达自己的思想。运动员、舞蹈家、演员、外科医生、手艺人都有这种智力优势。

（5）音乐智力。这种智力表现为个人对音乐节奏、音调、音色和旋律的敏感，以及通过作曲、演奏和歌唱等表达音乐的能力。这种智力在作曲家、指挥家、歌唱家、乐师、乐器制作者、音乐评论家身上都有出色的表现。

（6）人际交往智力。指能够有效地理解别人并建立积极的互动关系的能力，包括四大要素：组织能力，指群体动员与协调的能力；协商能力，指仲裁与排解纷争的能力；分析能力，指能够敏锐察觉他人的情感与想法、易与他人建立密切关系的能力；人际联系，指对他人表现出关心、善解人意、适合团体合作的能力。

（7）内省智力。这种智力主要是指认识自己的能力。这方面智力表现突出的人会从各种渠道了解自己的优劣，常静思以规划自己的人生目标，以深入自我内心的方式来思考，喜欢独立工作和独处的空间。内省智力可以划分为两个层次：事件层次和价值层次。事件层次的内省指向对事件成败的总结，价值层次的内省将事件的成败和价值观联系起来。这种智力在政治家、哲学家、心理学家、教师等身上都有出色的表现。

（8）自然探索智力。指认识植物、动物和其他自然环境的能力。自然探索智力强的人，在打猎、耕作、生物科学上的表现较为突出，他们热爱自然，可以与动植物建立亲密的情感关系，从事与自然相关的工作使他们能够体验愉悦与成就感。这方面智力表现突出人的适合担任植物学家、科学家、园艺工作者、海洋学家、公园巡逻员、地质学者、动物园管理员。

前文所述的八种成绩不好的学生，确实在加德纳所提出的八种智力中的某个方面上表现突出，如果我们不仅仅用成绩这一把尺子来衡量学生的话，就会发现这些学生也有成功的潜能。

3. 两种心理学理论的启示

无论对于成绩差的学生还是成绩好的学生，"人业互择理论"和"多元智力理论"，都有启发意义。

（1）对学习成绩差、无法上大学的学生

前述徐英杰老师，对记者讲述了自己的一个学生小李的故事：

> 小李刚入校时成绩很差，每天混日子。我发现他对做网页感兴趣，我就帮他找资料，让他从头慢慢做。尝试做了一个简单网页后，我再给他资料，让他继续提高，之后就不给他资料了，告诉他哪里有资料，让他自己去找。通过找资料，他自己解决实际问题。我也给他提供实践的环境，比如建学校的校园网站，这样他也有了发挥才能的平台。还要注

意一点,就是不要让他遇到过不去的坎儿,他心气儿一没,兴趣就不在了。我的作用就是在他过不去的时候帮助他,在他碰到难题解决不了的时候,给他一个方法,还要让他感觉,是他自己解决的。这样时间长了,他就会感觉自己无坚不摧。

根据"人业互择理论",小李是一个比较典型的"操作型"学生。他"动手能力强,偏好于具体任务,适合使用工具和机器"。根据"多元智力理论",小李在"逻辑"和"视觉空间"两方面具有较明显的优势。对这样的学生来说,让他每天做习题、应付考试无疑是非常痛苦的事情,而成绩差又进一步打击了他的自尊和自信。徐老师打破了这个恶性循环,引导小李"做中学"、边实践边学习,不但使小李获得了大量的知识技能,还提升了自信心和学习兴趣。也许徐老师当时并未有意识地运用某种理论,但他从学生"能做什么事"的角度出发,培养学生解决实际问题的综合能力,这实际上契合了"人业互择理论"。同时,徐老师"不以成绩论英雄",相信学生有与众不同的能力和素质,为学生搭建实践的平台并实施恰当的引导,焕发了学生的学习热情和动力,提升了学生的自尊和自信,而这又体现了"多元智力理论"的思想。

到北京师范大学进修的杨秀莲老师在她的作业中讲到自己的一个学生:

> 1999年我刚刚参加工作,在一所村小任教,教过一个叫高雄的学生。他的家庭条件不好,父亲有些残疾,母亲又长年有病在家里,家里有四个孩子,他是家中的老大,家里的许多活都是他在干。用他爸爸的话说,他是家中的一个劳力。这个孩子出现在我眼前的时候,我觉得他就像个小女孩似的羞怯,总是躲在其他学生的后面,想要把他高出同学一头的身体藏起来。
>
> 我不是一个细心的人,自己的东西丢三落四经常找不到。有一天上课时,突然发现讲台上有一个小小的木盒,我的一些小东西都放了进去,虽然东西不太精致,却让我心里有些许的感动。一问才知道是高雄做的,就是那个害羞的小家伙。我开始更多地注意高雄的一些举动。他不爱出现在大家面前,可是班里的一些活儿总是他一个人去干,

比如，扫把有些松散，他拿回家自己扎好；窗户上的钉子松了，他自己找到工具钉好。这些活儿本不是大事，他却能放在心里，我不得不暗暗感叹这个学生的细心。

我希望自己能为他做些什么，让他改变一下自己的心境，起码能够快乐一些，也许他根本就不是害羞，而是家庭带给他的自卑吧。我给班长提议，让他担任班里的劳动委员，没想到班长却很不以为然地说："高雄那么胆小，在课上都不敢回答问题，怎么能当劳动委员？"当我让班长把高雄叫到我面前说明我的想法时，他也是很害羞地推辞，我不知道如何去说服这样一个孩子，只好暂时放弃了自己的打算。

我那时住宿舍，需要自己打水和提煤，每次我在干这些活的时候，他总会默默地出现在我的身边帮我干活。当他干活的时候，总会比别人更有主意，也表现得很自信。以后的日子，我回家时就把宿舍的钥匙留下来，让他帮我干一些力所能及的事情。每次回到宿舍，看到被他收拾得干净整齐的宿舍，心里真的很温暖。平时我会给他买些学习用具，他开始时拒绝，后来我告诉他，这是他劳动所得，他才勉强接下。以后对我吩咐的事情，他更是一丝不苟。我没有再征求他的意见，在班里宣布，由高雄任班级的劳动委员。只要班上有什么劳动方面的事，我一律交给他。学校分配给班里的植树任务，我告诉学生去找高雄安排，他红了脸给同学分配任务，自己带头就开始挖地。他总是身体力行，比其他的班委反而更有了说服力。班里的很多事情我总是尽量找他商量，看着他笑眯眯地跑前跑后，也能在同学面前自信地说话，我也有点小小的欣喜。

两年的时间很快地过去，在这段时间里，这个小男孩在学习上没有多大的变化，却不再天天躲在人后害羞了，反而成为我管理班级的好帮手，以至于后来班里有学校分配的任务，学生都不再来找我，而是找他去商量安排，他依然是身先士卒，大方地分配任务。

过了不久，我就从那所学校调走了。当我再次听到高雄的名字，是从一个开车的人的口中，他说有个开修理铺的高雄手艺如何好，待人多么实在。我有些意外,反复确认了一下,确实是我的学生高雄。通过别人的描述,我能感到他现在是一个自信的小老板了,整天乐呵呵地招呼客人,认真厚道地干活儿,生活得还不错。我由衷地为他高兴,同时也为当年我为他所做的事有些小小的得意。

真是让人感慨、欣慰,高雄没有上大学,但谁能说这不是成功的教育,谁能说这不是教育的美好?!作为一名教师,在他的教学生涯中能这么教育学生,真是功德无量!虽然高雄成绩不好,但他是一个相当"有能力"的学生,在动手实践、人际关系、组织能力等方面都很棒,很有潜质。杨老师看到了这样的潜质,也给高雄认识自己潜能、发挥自己特长创造了机会。高雄最终成了一个修理铺的小老板,用自己的手艺和热心肠使自己生活得不错,并且得到了周围的人的喜爱,和那些上大学的同学一样生活得快乐、有尊严。

苏霍姆林斯基曾提出,"世界上没有才能的人是没有的,问题在于教育者要去发现每一位学生的禀赋、兴趣、爱好和特长,为他们的表现和发展提供充分的条件和正确引导"。前面提到的李信明,曾经对数学到了惧怕和绝望的地步,在经过一个假期的刻苦努力之后,竟然在全校的学科竞赛中获得数学第一名!此后他不但树立了学好数学的信心,对其他学科也不怕了,最后还成了数学家!这一方面说明他虽然在某个时段数学成绩不好,但他实际上是有天分的,而且天分还很高;另一方面也说明,当家长和教师挖掘了学生的"潜能"之后,能够整体提升学生的学习动力和学习状态。

就像不是所有人都适合打篮球,我们必须承认不是所有学生都能够适应"当前以应试为主要目标的学习",而且这样的学生数量不少,他们不是没有学习热情,而只是有着和"好学生"不同的学习愿望。在某种意义上,这不是学生的错,是教育的问题。对这样的学生,我们不但不能歧视,更不要轻易放弃,反而应给予他们更多的鼓励和帮助,不断地尝试给他们创造更多的机会,让他们认识并施展自己的才华,从而提高其自信和学习动力。

如果经过引导,发现很难调动学生对学校学习的动力,此时我们要权衡哪些品质对学生的未来更重要,是和其他人一样的学习成绩,还是他们与众不同的能力。

北京电视台曾经报道过两位"非主流"年轻人。一位是职业学校的教师,她教的专业是"调酒"。她在上初中的时候看了电视上介绍调酒师的工作,被深深地吸引了,初中毕业坚持要学调酒,家长对此极力反对,但这个学生最终很坚定地选择了这个职业。毕业后她留校教书,同时又在一个酒吧兼职做调酒师。她的学生很喜欢她,顾客也很欣赏她。面对记者和摄像机,每个人都可以感受到她流露出的自信与幸福。

另一个女孩子,从小就热爱流行音乐,高中毕业没有考大学,而是倾心于搞音乐,对此她的母亲十分不理解。她对音乐十分执著和热爱,而且有相当高的天分。她把生活中的各种声音如锅盖碰锅沿、汽车噪声、小孩嬉闹声、走路声等等录下来,然后利用iphone的编曲功能将其编成音乐。她的这个才华被唱片公司发现,与她签约并为她出了一张唱片。面对记者,她笑着说:"现在我妈妈也不反对我弄这些东西了,虽然她不知道我的音乐有什么好,但也挺为我自豪的,有阿姨来家里,她总会说,'给你阿姨那张你刚出的唱片'。"

既然现实的情况是不可能每个人都上大学,我们的教育就要给那些上不了大学的孩子另外的出路——就像高雄一样——让他们未来在社会上一样过得幸福、有尊严。一些成绩不好的学生往往有较强的独立性,比较叛逆,不愿意受到束缚和压制,有时会有超出常规的行为举止,做自己不感兴趣的事情往往难以忍受。这些不仅不是缺点,而且是非常重要、非常宝贵的品质。对这样的学生不能为了提高其成绩而强迫他们学习,这样做不仅可能引发学生的反抗,更严重的后果是压抑了学生的活力与创造性,破坏了他们的学习动力和能力,这才是巨大的损失!

(2)对学习成绩好的学生

成绩好的学生绝大部分都是冲着考大学去的,这无可厚非,但教师和家长一定要考虑两个问题,一是学生的综合能力培养,二是学生的特长发展。

在巨大的升学和竞争压力面前,学生往往以应试的姿态进行学习。一方面他们学以致用的时间被压缩,另一方面他们必须记忆标准答案才能获得好分数,这可能使得获得高分的学生缺乏实践能力——即高分低能,这对其未来的发展是不利的。此外,学生考大学要凭"综合成绩",这就要求学生不能出现偏科,这样学生的特长就很有可能被压抑。如,一个学生对化学非常感兴趣,在这个学科上也确实有天分,而他对英语兴趣不大,学习效果也不是很好。但为了应试,这个学生就必须将很多的精力放在自己的"弱势学科"上,减少自己花在"优势学科"上的时间和精力,这样的话,学生的特长就有可能被"抹平",这是很令人痛心的损失。

我认识的一位大学教师的孩子,上高二的时候独立进行了一项社会调查,他利用课余时间,历时将近三个月,收集数据、访谈、查阅资料、计算、写报告、修改、制作幻灯片等等。可是当他把调研报告自豪地交给老师的时候,老师却马上给他泼了一盆冷水,说他是"不务正业",问他"还打算不打算参加高考了"。这个"要考大学"的学生被限定在一个极为狭窄的通道上,失去了多方面素质发展和体现其独特性的机会。因此,关注个体差异,不仅对学习成绩差的学生很重要,对成绩好的学生也很重要。

我在做教师培训时,有时候会问教师们一个问题:"当初选择教师职业是你们内心的向往与愿望吗?"得到的答案令人遗憾,大多数老师回答:"不是。"以往读师范(中专)的老师很多是因为初中毕业后要尽快找到工作,后来读师范(大专或本科)的多数是因为高考竞争压力大,报师范类专业比较保险,或者听从师长的意见,认为教师职业稳定,尤其适合女孩子。现在我给北京师范大学的本科师范生上课,他们绝大部分未来都会从事教师职业。我有时也会问他们这个问题,75%以上的学生回答不是出自自己的愿望和理想而选择了这个专业。更糟糕的是,我问这些师范生,你们不想当老师,你们觉得自己适合做什么呢?他们却不知道!学生寒窗苦读12年,却无从了解自己的愿望与理想,无从为自己选择一个可以承载理想与梦想的职业,这让人情何以堪!

美国行为主义心理学家华生在1930年曾发表了一个引起争议的言论:给我一打健全的婴儿,把他们带到我独特的世界中,我可以保证,在其中随机选出一个，训练成为我所选定的任何类型的人物——医生、律师、艺术家、商人，或者乞丐、窃贼，不用考虑他的天赋、倾向、能力，祖先的职业与种族。

虽然华生自己也承认这超出了事实的范畴，是一种夸张的说法，但我们的教育似乎真的正在实践华生的想法。在孩子上幼儿园的时候，我们就为他定下了15年后的目标——上大学，不论这个孩子的天赋与兴趣。这样的教育即使把所有的孩子都送进大学也是可悲的教育，这么做甚至还不如华生的想法，他还想着把孩子变成医生、律师、艺术家，而我们的教育蒙着眼睛把孩子送进大学就"成功"结束了。

我曾经问过很多家里有孩子要考大学的父母"孩子报什么专业"，得到的大多数回答都是"不知道，到时候再看"。看什么呢？看什么专业最有可能考上，看什么专业热门，看什么专业好就业，看什么专业将来挣钱多。令人遗憾的是，从来也不看孩子喜欢什么、适合什么！

我有一个亲戚，当年高考时其成绩排名该省文科第四，名牌大学法律系毕业，曾经做过一个大专的教师。几年后他辞职，现在"淘宝"（中国的一个商业网站）开了一个网店，专职做网店主了。他的家人和很多朋友对此都不理解，认为"可惜了"，名牌大学毕业应该做"更体面"的工作。

有一次在他家，他出去办事，我临时帮他做了40分钟的"客服"，我发现这真的不是一件容易的事情。有5个买家问东西，我一件都没卖出去，有两个买家反映收到商品后有问题，由于我回复不当，还差点把一个买家惹恼了。亲戚回来后，三下五除二就把这些事情搞定了，看得我不得不佩服。当他与客户沟通时我在旁边观察，看他非常熟练而且轻松地完成自己的任务，我想，一个人能够做自己擅长而又让自己愉快的事情，应该是很幸福吧。

对成绩好的学生，老师和家长们要想一想，他努力学习是为了什么，学习的过程是否忽略了他的综合能力，是否压抑了他的特长。当学生在求学、考学这条道路上苦苦奔跑的时候，一定要和他们一起抬头看看远方的目标，而且要看看这个目标是否适合学生，是否能引导他可持续发展，是否能让他觉得幸福而值得追求。

综上所述,"人业互择理论"和"多元智力理论"强调基于个体差异的"因材施教",陶行知对此的看法很形象:"培养教育人和种花木一样,首先要认识花木的特点,区别不同情况给以施肥、浇水和培养教育。"

4. 学生个体差异的表现

想象一下,如果全世界只种一种高产水稻会怎样?会提高产量?没错!但是,如果出现了这种水稻不能抵抗的天敌,这种水稻将全部毁灭,人们将颗粒无收,这有多危险!而且,全世界的人只能吃一种口味的稻米,这也有些无趣吧。同样,多样化的个体之间的合作、竞争、互补、激荡是人类社会不断发展的非常重要的动力。社会需要各种各样、形形色色的人,这样的社会才富有活力、多姿多彩。中国的大学毕业生现在遇到非常大的就业压力,其中一个重要的原因就是他们太相像了,社会的需求以及工作岗位是多种多样的,遗憾的是学生们却像是生产线上的产品,一模一样!因此在教育教学中,教师必须重视学生的个体差异,差异主要体现在四个方面。

(1) 学生的发展方向存在差异

有的学生喜欢阅读,沉浸在文学的世界中能让他们感到自在和欣喜;有的学生喜欢数学,严密的推理和逻辑让他们乐此不疲;有的学生喜欢科学,各种科学现象让他们深深着迷;有的学生喜欢艺术,在众人面前的才艺展现会让他们觉得自己光彩照人。相应的,在某个学科领域擅长的学生很有可能在另一个领域表现不佳,这是必然的,也是非常自然的——每个学生都应该有不同的发展方向。所以,有效的教育是为每一个学生提供最适合他的发展平台,帮助他走上最适合他的人生道路。

教师如何面对一个数学成绩很差、上课不听讲却爱画画的学生?一方面,要提高数学课的吸引力,帮助这个学生跟上数学课的进度;另一方面,更重要的是要主动保护学生画画的愿望,鼓励学生发展自己的绘画特长,从绘画中得到乐趣和自信。未来有一天,即使这个学生没有考上大学,他也能够凭借画画过上有尊严的、幸福的生活,这才是成功的教育。

（2）学生的发展水平存在差异

每个学生的先天条件存在差异，后天环境包括条件和机遇也必然有所不同，这决定了学生发展的水平一定会存在差异。对此陶行知有一个形象的比喻："人像树木一样，要使他们尽量长上去，不能勉强都长得一样高，应当是：立脚点上求平等，于出头处谋自由。"有时家长和教师会强调学生之间的"横向比较"——"你看××，你也不比人家笨，为什么成绩总是不如他？"这对学生的伤害是很大的，对学生的埋怨一旦转化为学生的自我认知——我怎么努力也没用——的时候，学生就可能会放弃努力了。

学生先天条件的差异决定了学生的能力有大有小，家长和教师要承认这个现实。在学习中只要学生付出了努力、与自身相比有了进步，就应该得到赞赏，如果只盯着最后的结果，为学生设定超出其能力的目标，只会不断给学生带来挫败感。与学生发展方向存在差异相关联，学生在某个方面的发展水平不高是很正常的，此时最重要的不是逼他在这个方面"拼命"，而是鼓励他在合适的方面获得更好的发展，所以学生在某个方面的发展水平也是判断该方向是否适合学生的一个依据。

（3）学生的发展速度存在差异

有些学生发展得快一些，有些学生发展得慢一些，这是体现学生个体差异的非常自然的现象。老师讲了一个知识点之后，有些学生很快就能够理解，而有些学生却理解得慢一些。有些学生从一入学开始就能够保持学业成绩的领先，而有些学生却从一个较低的水平不断进步，最后也能够达到相当高的水平。我们有时不能"以成败论英雄"，教师就更不能"以快慢论成败"，我们很熟悉的一个现象——"大器晚成"——就说明耐心和等待能带来巨大的回报。

学生感受到教师的期待能让他们迸发巨大的动力，反之，因为学生发展得慢一些而对其丧失期望，进而使得学生也对自己丧失希望，这将是多么遗憾的一件事情！当然，也许学生直到毕业、直到成年也没有什么成就，这仍然不能否定教育中这种"耐心等待"的意义，因为这表达了教师的期望，传递了教育的力量。

(4) 学生的发展路径存在差异

即使发展方向相同的学生，其发展的途径也有可能存在差异，这就好像从不同的路都能到达山顶一样。从宏观方面来看，教育和工厂的流水线本质上不一样，流水线追求最终的产品一模一样，这要求被加工的材料尽可能没有差异。而对学生来说，不仅他们每个人"未来的"发展方向不同，而且每个学生"当下的"状态和条件也有差异，这种差异包括学习兴趣、学习基础、思维方式、个性品格等等，因此适合一个学生的发展路径可能不适合另一个学生。从微观方面来看，对同一道数学题，不同的学生可能会有不同的解法；对同一篇文章，不同的学生会有不同的理解；对同一个命题，不同的学生可能会有不同的写法；对某种思想方法，有些学生从数学学习中领悟，而有些学生从物理学习中领悟……

5. 教师如何关注个体差异

有些教师可能存在疑惑，当前课堂教学是实现教育目标的主渠道，单一甚至单调的教学形式对于关注学生个体差异存在"先天不足"。此外，大部分学校的班额都很大，在这种情况下教师没有精力也没有可能关注学生的个体差异。基于这样的现实，有两个方面值得我们尝试：

(1) 教师改进教学组织形式

教师讲、学生听的传统教学方式基于一种假设：所有的学生都应该也必须接受一模一样的教学过程，这必然导致忽视学生的个体差异。因此，教师可以考虑在两个方面加以改进：一是加强师生互动，教师更多地鼓励学生多种形式的表达，包括课堂发言、作业、课下互动等等，这是学生体现差异、教师关注差异的关键。二是实施多样化的教学活动，加强表现性作业、社会实践、多学科整合教学等。只有给学生表现个体差异的机会，才能发现他们每个人的与众不同，而在教师用力讲、学生安静听的课堂中，学生只能像一个被动接受知识的容器，而且是一模一样的容器！多样化、实践性、综合性的教学活动就像给学生提供了一个舞台，给了学生表现自己的机会，允许学生自由地"表演"。

（2）教师要更多地相信和扶持学生自我成长的力量

就像一株植物，学生的成长要靠自己，谁也不能代替。教育的目的，更准确地说，是给学生提供合适的生长环境和条件，而不是决定更不是代替学生成长。我们一定要考虑到教育可能存在一种危险：我们教给学生的东西不一定都是适合的，甚至有些内容对其发展来说可能是消极的。因此，教师必须审慎地思考、决定教给学生什么以及怎么教他们，必须清醒地认识到我们正在做的事情是在给学生创造良好的发展条件还是在"代替"学生成长。如果我们对此还没有充分的把握，最好的办法是静静地观察和等待。这种等待不是漠视，更不是放弃，而是体现教师的宽容和支持，是对学生的期望和信任。等待的过程也不应是被动的，上述优化教学组织形式，就是在主动创造机会让学生有机会展现和成就自我。有一天，教师会发现这种等待是值得的，学生会闪耀出独一无二的光芒。

最后，我们用苏联教育家赞科夫的一句话作为本章的结束，"教师把每一个学生都理解为他是一个具有个人特点的、具有自己的志向、自己的智慧和性格结构的人，这有助于教师去热爱儿童和尊重儿童"。

在重视个体差异的同时，我们还要注重对学生能力的培养，学生当前的学习和未来的工作都需要强大的思考力，下一章将分析如何提高学生的思维素质。

教育教学启示

1. 人业互择理论提醒我们，社会需要多种类型的人才，不同的职业对人的能力有不同的要求。要从学生未来在社会中的"职业角色"反过来审视他们在学校应得到怎样的教育、获得怎样的发展，将学生的学习与其未来的发展更紧密地联系起来。既然现实的情况是不可能每个人都上大学，我们的教育就要给那些上不了大学的孩子另外的出路，让他们未来在社会上一样过得幸福、有尊严。

2. 根据多元智力理论，智力是多维度的，成绩不好的学生也有可能"很聪明"，在一个或多个方面的智力上表现突出。当我们不仅仅用成绩这一把

"尺子"来衡量学生的话，就会发现每个学生都有成功的潜能。对学习成绩不好的学生，教师和家长更要给予鼓励，不断地尝试给他们创造更多的机会，让他们认识并施展自己的才华，提高其自信和学习动力。

3. 考大学要看综合成绩，这就要求学生不能出现偏科，这样学生的特长就很有可能被压抑，综合能力的培养也容易被忽略。当学生在求学、考学这条道路上苦苦奔跑的时候，教师和家长一定要和他们一起抬头看看远方的目标，看看这个目标是否适合学生，是否能引导他可持续发展，是否能让他觉得幸福而值得追求。

4. 学生的个体差异体现在四个方面：学生的发展方向存在差异、发展水平存在差异、发展速度存在差异、发展路径存在差异。

学生很勤奋为什么成绩上不去
——提高学生的思考力

红霞上四年级了,和多数同学一样也报了奥数班。她是一个非常用功的孩子,每天做奥数班留下的题目都要花一个小时左右,非常吃力。老师教过的内容,她照猫画虎可以做出来,但题目稍微变化一点她就不会了。奥数班分快班和慢班,老师通知红霞的妈妈,由于几次考试成绩都不好,要把她调到慢班去。周末妈妈带着红霞去见老师,红霞拉着老师的衣角说:"老师,您别把我调到慢班,我一定好好做题,下次我一定好好考。"看到这个情景,妈妈的眼泪都快流下来了。老师对红霞说:"我知道你非常用功,也很听话,但是要想有进步,不仅要刻苦,你还得多动脑筋,掌握做题的方法,要提高自己的思维能力。"红霞的妈妈知道老师说得对,但是,什么是思维能力?怎么提高思维能力呢?

思维是智力的核心,恩格斯将人类的思维赞喻为地球上最美丽的花朵。

科学大师爱因斯坦认为，"在教育中发展独立思考和独立判断的一般能力，应当始终放在首位"，他还强调，"学习知识要善于思考、思考、再思考，我就是靠这个学习方法成为科学家的"。我国著名医学专家吴阶平院士指出："我认为，人的智慧的差别，在于应用思维的能力。脑力也需要锻炼，一辈子不停地努力思考，思维能力就会不断提高。"

确实，人类最强大的能力就是思考力，教育的核心任务就是培养学生的思考力，提高学生的思维素质。授之以鱼不如授之以渔，学生的思维素质相当程度上具有"渔"的含义和作用，它既是各学科教学追求的目标，也是影响教学过程不可忽视的重要因素。

以下是美国著名物理学家费曼小时候的经历，通过这个案例，我们可以思考如何提高学生的思考力。

当我还是一个小孩子的时候，父亲有一天带回家一堆小瓷片，我父亲把它们弄成像多米诺骨牌似的，然后我推动一块，它们就全倒了。我帮着把小瓷片重新堆起来，这次我们变出了些复杂点儿的花样：两白一蓝，两白一蓝……我母亲忍不住对父亲说："唉，你让小家伙随便玩不就是了？他爱在哪儿加个蓝的，就让他加好了。"可我父亲回答道："这不行，我正教他什么是序列，并告诉他这是多么有趣呢！这是数学的第一步。"

我家有一套《大英百科全书》，父亲常让我坐在他的膝上，给我念里边的章节。比如有一次念到恐龙，"恐龙的身高有25英尺，头有6英尺宽。"父亲停下来，对我说，"唔，让我们想一下这是什么意思。这就是说，要是恐龙站在门前的院子里，那么它的身高足以使它的脑袋够着咱们这两层楼的窗户，可它的脑袋却伸不进窗户，因为它比窗户还宽呢！"我无法想象居然有这么大的动物，觉得兴奋极了，一点也不害怕会有恐龙从窗外扎进头来。就像培养一名科学家，他总是把所教的概念变成可触可摸、有实际意义的东西。我也从父亲那儿学会了"翻译"——学到任何东西，我都要琢磨出它们究竟在讲什么，实际意义是什么。

有一次在公园里，他问我："瞧，那鸟儿总是在啄它的羽毛，看见了吗?""是。"我说。他问:"它为什么要这样做呢?"我说:"大概是它飞翔的时候弄乱了羽毛,所以要把羽毛再梳理整齐吧。""唔,"他说,"如果是那样,那么在刚飞完时,它们应该很勤快地啄,而过了一会儿后,就该停下来了。那让我们来观察一下,它们是不是在刚飞完时啄的次数多得多。"不难发现,鸟儿们在刚飞完和过了一会儿之后啄的次数差不多。我说:"得啦,我想不出来。你说为什么?""因为有虱子在作怪,"他说,"虱子在吃羽毛上的蛋白质,虱子的腿上又分泌蜡,蜡又有螨来吃,螨吃了不消化,就拉出来粘粘的像糖一样的东西,细菌于是又在这上头生长。"现在,我知道鸟腿上未必有虱子,虱子腿上也未必有螨。但是父亲进行推理和猜想的方法是正确的,只不过还需要进一步研究的证实。

父亲还培养我留意观察的习惯。一天,我在玩马车玩具,在马车的车斗里有一个小球。当我拉动马车的时候,我注意到了小球的运动方式。我找到父亲,说,"嘿,爸,我观察到了一个现象。当我拉动马车的时候,小球往后走;当马车在走,而我把它停住的时候,小球往前滚。这是为什么呢?"他说:"一个普遍的公理是运动的物体总是趋于保持运动,静止的东西总是趋于保持静止,除非你去推它。这种趋势就是惯性。"你瞧,这是很深入的解释,他并不只是给我一个名词。他接着说,"如果从边上看,小车的后板擦着小球,小球相对于地面来说其实还是往前挪了一点,而不是向后走。"我跑回去把球又放在车上,从边上观察。果然,父亲没错——车往前拉的时候,球相对于地面确实是向前挪了一点。

父亲就是这样教育我的。他用许多这样的实例来讨论,没有任何压力,只是兴趣盎然的讨论。这在一生中一直激励我,使我对所有的科学领域着迷,我只是碰巧在物理学中建树多一些罢了。从某种意义上说,我是上瘾了——就像一个人在孩童时尝到什么甜头,就一直念念不忘。

(理查德·费曼著,李沉简等译:《你干吗在乎别人怎么想》,中国社会科学出版社1999年)

一个孩子可以为糖果而上瘾,可以为电视而上瘾,可以为游戏而上瘾,竟然也可以为思考而上瘾!还有比这更成功的启蒙吗?在这个案例中,我们会发现多种思维活动在费曼幼年时就被其父亲激发起来，这对学校中的教育同样是有启发意义的。

1. 培养学生的观察与辨别能力

观察的作用是获取信息并作为后续思维活动的基础。在上面的案例中，费曼的父亲让费曼将彩色的瓷片按照规律排列、引导他注意鸟儿梳理羽毛的行为、提醒他仔细辨别小球和玩具车之间的运动关系，这些都是在引导费曼进行更准确、更仔细、更有效的观察。

每个人都会观察，但不同的人观察能力可大不一样。观察绝不是被动地接受信息，观察者的聚焦、选择、辨别、解析的能力至关重要。打个比方，观察能力强的人就好像是一个连接着宽带的电视，同时能收到很多台，画面清晰，而且有互动、过滤、筛选功能；而观察能力弱的人就像只有一根老式天线的电视，收不到几个台，而且还不是很清楚。

有些教师和家长抱怨学生不会表达、不会思考，其实是学生观察的基础没打好。比如，让学生写一篇游记，小华的描写详略得当、重点突出，而小明的描写却是流水账，这体现了观察聚焦的差异；小华写了三四件有趣的事情，而小明只写了一件事，这是观察广度的差异；小华的描写包含细节，而小明的描写粗枝大叶，这体现了观察深度的差异。

观察是人天生的能力，但也需要后天的训练，训练学生的观察与辨别能力可从以下三个方面入手：

（1）聚而不僵

每时每刻都有大量的信息扑面而来，我们必须对这些信息进行聚焦和选择，否则将陷入信息的漩涡而无所适从。聚焦——锁定观察目标、找到观察重点——是观察的第一步。通过聚焦可以过滤无关信息，锁定目标信息，为进一步的观察和思考奠定基础。

如，在阅读教学中让学生聚焦于人物对话、情节铺陈、遣词用句；在数学教学中让学生聚焦于数与形之间的关联；在物理教学中让学生聚焦于物体的状态和环境条件的关系；在美术教学中让学生聚焦于物体光与影的形态；

在综合实践活动中让学生聚焦于人与人之间的交往和互动等。在日常生活中，父母也可有意识地培养孩子观察聚焦的意识，如在看电视的时候，指导孩子注意那些生动有趣的人物形象或故事情节；在户外活动的时候，让孩子观察大自然的各种现象；在玩游戏的时候，让孩子观察各种不同的游戏规则及制胜的策略。

在训练学生观察聚焦时，可以指导其聚焦的方法，培养其聚焦的意识，但不要将其变成固化的方法和程序，这会导致聚焦的僵化，反而不利于学生观察能力的提高。例如，当前中小学生在写作文时模式化的现象很严重，他们按照固定的套路对人物或风景进行描写。江苏的小学语文特级教师管建刚在点评学生的作文时，将一些学生描写眼睛的片段挑出来分为三组。第一组学生用"炯炯有神"形容眼睛，第二组学生用"水汪汪"形容眼睛，第三组学生用"水灵灵"来形容眼睛。管老师说："这是一种病，外貌描写的病——大眼病。"这种千人一面、缺乏想象力的作文体现了观察焦点的僵化，就好像智能照相机能够随着景物的不同位置而变化其焦点，而定焦相机只有一种焦距。

（2）广而不散

被观察的某个事物总是包含多方面的信息，这些信息之间也往往是有关联的，站在不同的角度观察就会获取不同的信息，如果观察只集聚于一个点上，获得的信息往往因不全面而失之偏颇。广而不散的观察通过灵活地变化观察焦点，使我们有机会获得更全面、更丰富的信息，这实际上保证了观察的广度，提高了通过观察获取信息的全面性。

如，在阅读教学中，教师可引导学生从不同的角度和立场分析人物形象；在数学教学中，要求学生用不同的方法和思路解决同一个问题，这些都有助于学生建立多个焦点，多角度、全面地对问题进行思考。再如，教师指导学生做一项有关居民生活压力的社会调查，应拿出充分的时间和学生讨论需要收集哪些信息，从哪里收集信息，怎样将调查对象分类；不仅要关注收入变化，还要关注物价的变化；不仅要考察物价的变化，还要将物价分为生活必需品和高档消费品等等。这样做可以帮助学生在变换观察焦点的同时扩展获取信息的广度，调查的结果一定会更加丰富、深入、有层次。

请注意，有广度的观察绝不是简单地堆积信息，就好像一个学生不分主次、没有重点地写一篇流水账般的游记，那是无法给人留下深刻印象的，甚至会让人觉得不知所云。因此，通过观察所获取的信息必须符合观察目的，聚焦的信息之间应当是有关联的，是经过选择和辨析的，在追求观察广度的同时，不能失去观察的重点和层次——这就是"广而不散"的要求。

（3）细而不碎

"外行看热闹，内行看门道"，看热闹观察到的是表面现象，看门道观察到的是内在本质。如果观察的广度在于信息量的多少，观察的深度则在于信息的细致和层次，这就好像一个1500万像素的相机一定比500万像素的相机拍出来的照片更清晰。

有一次我和朋友的孩子在街头公园里坐着，一个学生骑着一辆轮子很小的折叠自行车在公园小路上转来转去。朋友的孩子说："叔叔，这个车轮子这么小，骑起来一定很费劲吧。"

我问他："费劲是什么意思"？

"嗯，就是骑起来太慢了"

"为什么会慢呢？"

"你看他的车轮多小啊，人家的自行车轮子转一圈，他的自行车轮得转好几圈呀。"

我请那个骑车的学生过来，又找了一辆普通的自行车（轮子大），让他们仔细观察，对比一下这两个车的链轮和飞轮有什么不一样。他们看了之后说："小车前面的盘（链轮）比普通车的大多了，而后面的盘（飞轮）比普通车的小多了。"

我问他们："为什么要这样设计呢？"

这时两个孩子渐渐领悟到，在小轮车上，链轮比飞轮大很多，这样链轮转一圈（蹬一圈），后面的飞轮带着轮子就要转好几圈，虽然小车的轮子很小，但转的速度快，这样的话骑起来并不费劲，速度也不慢。

这个案例就体现了深入、细致的观察及其价值。教师和家长有大量的机会训练学生进行深入、细致的观察，如在阅读教学中，引导学生体会一句话的"言下之意"，就是一种透过表面更加深入的观察。在秋天的公园里，孩子欣喜地向妈妈报告："你看，这些银杏树的叶子都黄了，多漂亮！"妈妈在附和孩子的同时，可以引导孩子更细致地观察："看那棵树，好像上面的叶子更绿，而下面的叶子黄一些，是不是？"如果孩子对这个问题感兴趣，还可以引导其进一步观察，哪些树的叶子黄了，还有哪些树的叶子还是绿的，进而观察这两种树的叶子有什么不一样的地方。这么做就和费曼的父亲引导他观察、思考鸟儿为什么在啄自己的羽毛一样，学生一旦对这种逐步深入的观察方法形成习惯，其观察能力就能得到很大的提升。

最后要指出的是，有效的观察需要足够的知识储备。心理学家对围棋专家和新手的对比研究发现，如果把棋子随便地放在棋盘上让他们记忆，专家和新手回忆的成绩是差不多的，而如果棋子摆放的是一个棋局，专家比新手的记忆成绩好得多。这是因为专家的已有经验起了作用，从而能够迅速、准确地找到关键和细节信息，专家比新手"看到了"更多、更重要的信息，因为他"知道"观察并获取哪些信息。因此，在日常的学习和生活中，让学生多积累各种知识、多体验生活，对其观察能力的提高也是很重要的。

2. 丰富学生的记忆与积累

我曾经买过一盆薄荷，由于营养没跟上，这盆薄荷死掉了，我把它放在办公室的窗户外面，数日后就完全干枯了。有一天，我想用那个花盆，就把它拿回来，我的手碰到那些干枯已久的薄荷叶，叶子破碎了，却发出强烈的薄荷香味。我非常感慨，对同事说："你看，这薄荷叶都干枯了很久还这么香！"同事回应道："是啊，'零落成泥碾作尘，只有香如故。'"他告诉我，这是陆游的一首诗中的两句。当时我非常感慨，因为这两句诗用在这个地方是如此贴切，如此深刻，如此动人，我用大白话说一百句都不如这两句诗富有表现力。这首诗很有可能是同事二十年前甚至三十年前在课堂里学到并记住的，谁能说"记忆"不重要呢？我的同事如果参加作文比赛，题目就是我拿薄荷的这个情境，这两句诗一定会为他的作文起到画龙点睛的作用。

有时教师和家长抱怨学生的作文和日记苍白无趣，一个重要的原因就是学生没有足够丰富、优质的记忆内容支持他们写出生动而又深刻的东西。

在教学中知识的获得和记忆非常重要，一方面，这本身就是重要的学习内容，是人类文化、文明的结晶，如中国的九九乘法表，为学生的乘法学习提供了极大的便利，当然应当记忆；另一方面，某些知识的记忆也是进一步学习的基础，如更复杂的学习内容往往要以需记忆的知识系统作为支持。

在学习过程中，记忆的内容包括：术语和符号（如周期、惯性、光年等概念的定义），具体事实（如五四运动提出的口号、家蝇的四个生命阶段），惯例（如英语的某些习惯用法），分类（如肌细胞、神经细胞、上皮细胞的异同），规则和原理（如电磁学中的右手定则）；文化产品（名言警句、优秀篇章）等。

根据心理学的分类，记忆有登记、整理、存储、提取几个环节，其中整理这个环节最为关键。人的记忆和照相机有相似之处，但绝不相同。照相机将能"看到"的所有信息收集、存储，而人在记忆的当下就会对信息进行初步的整理和加工，最明显的特征就是赋予信息"意义"，包括将记忆信息与头脑中的已有信息联系、匹配起来。为什么有些学生努力地"背"、拼命地"记"，学习效果还是不好？最重要的原因就是他们采取的是照相机般的记忆，存储的都是原始的、初级的信息，缺乏对这些信息的加工整理。这就好像一个人的房间堆满了东西，却没有整理和分类，虽然看起来什么都有，但要找的时候往往找不到。

如前所述，当棋子在棋盘上随机放置的时候，专业棋手记忆棋子位置的能力并不比新手强，而当棋子的摆放符合现实中可能出现的棋局时，专业棋手的记忆明显优于新手。因此，我们强调有效的、优质的记忆是"理解基础上的记忆"，这依赖于学生对记忆材料的"深加工"。举例来说，让一个三岁的孩子每天背古诗，只要他足够勤奋、足够有耐心，几个月的时间他就会背大量的古诗，但这种记忆是机械的、缺乏理解的，和复读机没有什么不同。一个二十岁在外打工的青年，即使他以前从来没有听过李白的《静夜思》，在逢年过节时听到"举头望明月，低头思故乡"也会泪流满面，而且可能只听一遍这一辈子就再也不会忘掉了。这就体现了三岁儿童复读机一般的背诵和一个青年在理解基础上的记忆的不同。

不仅文科类的学习需要记忆，理科类的课程如数学、物理、化学等学科也都需要记忆。在这些学科中，记忆的重点不是某个具体的题如何求解，而是解决问题的方法和模式。就像围棋运动员训练基本功必须记忆大量的棋谱，虽然以后不可能有机会完全按照已有棋谱落子，但记忆中过往棋局的原理和模式却有助于棋手应对一个新情境。

优化记忆还有一个重要的策略就是将新的、陌生的识记内容，与已有的、熟悉的内容联系起来。我的一个学生在作业中写到：历史老师讲文艺复兴时期有三位杰出的艺术家拉斐尔、达·芬奇和米开朗琪罗，他对同学说记住"拉大米"三个字就记住了这三杰，全班哄堂大笑，以后没有一个人忘记这个知识点。因此，记忆有时像拼图，将新的记忆内容以有趣的、有意义的方式与以往经验镶嵌在一起，就会变得非常牢固，而且记忆过程也会很轻松。

3. 促进学生的理解与领会

理解与领会是非常核心的思维技能，在整个思维链条中起到了承上启下的作用。什么是理解？下面我们用一个案例予以说明。

在一次旅游中，一个六年级的学生问我："老师，为什么我打了闪光灯之后照片更暗了？"他在拍 10 米外的一个景物，在光照不足时他用了闪光灯，可是照片比没用闪光灯时更暗。这个问题问得很好，这个学生表现出细致观察的意识和能力，很多人都会遇到这样的现象，但能就此提问的人可谓少之又少。

我问学生："闪光灯是做什么用的，你知道吗？"学生回答："天比较暗的时候能让拍照的物体变亮。"我启发他："是闪光灯的光线打到了被拍摄的物体上，使得物体在照片中显得亮一些，对吧？""是的。"他回答。我说："闪光灯的能力是有限的，你的相机上这么小的闪光灯，它能发挥作用的距离是 3~4 米，只有在这个距离范围内的物体才可能被闪光灯的光线照射到，而你拍的物体超过了这个范围，闪光灯其实没有发挥作用，因此被拍摄的物体在照片上看起来并不明亮。"

说到这里，我看学生点了点头，看来这个他能够理解。进而，学生又提出一个问题："闪光灯对远处的东西没起到作用也就罢了，为什么照片比没打闪光灯的时候更暗了呢？"

我心里想："这个学生的问题意识和逻辑思维能力确实不错。"我向他解释："照片是否明亮，除了受到光线强度的影响，还受到另外两个因素的影响——快门和光圈。光圈大小决定了进光量，就像我们眼睛的瞳孔，在黑暗的地方会变大，以便进入更多的光线，在明亮的地方会变小，以便阻止光线的进入。快门像是一扇门，打开的时候光线进来，关闭的时候光线被阻止，因此快门决定了光线能够进入的时间。"

讲到这里，我看学生在点头，但脸上仍然充满了迷惑。

我接着给他解释："你的相机是一个全自动相机，所谓'全自动'，就是能够自动安排光圈大小和快门速度，使得从镜头中进入的光线是适量的。当你打开闪光灯，相机会'认为'光的强度是足够的，从而自动'计算'出此时相应的快门速度和光圈大小，此时快门速度和光圈肯定要比没有闪光灯的时候更快、更小，而闪光灯的能力实际上又无法对10米外的景物起作用，因此照的照片反而比没有闪光灯时要暗。"

学生肯定地点了点头，看来这次他明白是怎么回事了。

什么是"理解"？理解是逐步认识事物各部分的关系直至认识其本质、规律的一种思维活动。用通俗的语言来讲就是"知道是怎么回事了"，一般指理性认识，即通常所说的"知其然，又知其所以然"。教师和家长可以通过以下几个方面促进学生的理解。

（1）理解来自问题的驱动，要强化学生的问题意识

"为什么用了闪光灯之后照片显得更暗了？"正是由于这个问题，学生思考并理解了造成这种现象的原因，搞明白"这是怎么回事"。因此，理解是一个主动探究的过程，提出问题是形成理解的源动力。

有些学生在学习中"不求甚解"，对所学知识没有形成真正的理解，这与其机械被动地学习、缺乏问题意识有密切关系。没有问题就不会主动探究，

学习自然也就浮于表面。问题意识在相当程度上依赖于人的观察能力，敏锐、细致的观察是发现不寻常之处进而形成问题的关键。用闪光灯后照片反而变得更暗一定是许多人都会遇到的现象，但只有极少数的人会观察到其不寻常并形成一个具体的问题。因此，培养学生的好奇心，保护和激发其问题意识，对于提高学生的理解力很重要。

（2）理解需要一定的知识基础，需要新旧知识之间的联系

照片的明亮和进入相机的光线的强度及曝光时间有关，光圈、快门、补光装置共同决定了进入相机的光线的强度，智能相机能够在识别是否补光的情况下自动匹配光圈大小和快门时间，只有以这些知识为基础，才能够真正理解为什么用了闪光灯照片却变暗了。理解是有层次的，是需要若干知识作为基础和储备的。为什么我们外行看专业的经济报告会难以理解，是因为里面有太多的概念和术语是我们不知道或不能理解的，这就像一个个"拦路虎"一样阻碍了我们理解整个报告。因此在帮助学生理解某些内容时，一定要注意"铺垫"，要了解学生已有的知识储备情况，为学生理解目标内容补充必要的知识基础，注意观察学生的反应，了解他们不能理解是"卡"在哪个环节或缺乏哪些知识。

为促进学生理解，除了为学生提供新的知识，也可以将学生已有知识和经验"激活"，将需要理解的新知识与已有知识联系起来，而"打比方"、"举例子"是最常用，也是很有效的将新旧知识联系起来的方法。比如，将光圈比作人眼睛的瞳孔，将快门比作一扇门，将闪光灯比作手电筒，这些都有助于学生将新旧知识联系起来，从而促进学生对相机工作原理的理解。

在前面的例子中，费曼的父亲在读到"恐龙的身高有25英尺，头有6英尺宽"时，给费曼解释"恐龙站在门前的院子里，那么它的身高足以使它的脑袋凑着咱们这两层楼的窗户，可它的脑袋却伸不进窗户，因为它比窗户还宽呢！"这就将新的知识（恐龙的身高、头宽以及长度单位）与费曼已有的经验（二层楼的高度和窗户的宽度）联系起来了，让费曼能够理解25英尺高、头宽6英尺的恐龙有多大。同样，在理解一篇文章的时候，对作者的某些表达内容和表达方式，可能需要提供更多的信息才能够让学生理解，包括

作者的生活经历、写作当下的特定事件、文章情节的背景信息等，此外，如果能将作者不同时期的作品串起来，将更有助于学生理解这篇文章。

（3）概括、抽象和推理是理解的核心思维过程

以学生学习鲁迅的文章《祝福》为例，学生首先得了解故事的情节，总结其主要内容，看是否能用自己的话说出来，是否表达得完整、通顺、重点突出。进而，学生还需要分析人物的言语、行动、外貌及其所处的社会环境，最后对祥林嫂这个人物形象形成综合性的认识：祥林嫂具有勤劳、善良、淳朴的品质，同时具有一定的反抗精神，但她在封建礼教的摧残下，终于默默无声地死去了。于是，学生作出这样的判断：祥林嫂是一个反映了旧中国劳动妇女悲惨命运的悲剧形象。最后，学生还要分析这篇文章的写作方法和写作技巧，探讨作者为什么要设置某个情节，如柳妈对祥林嫂的态度的变化。

在学生对《祝福》的理解中，我们可以看到三个核心的思维过程。

首先是概括。让学生归纳和总结文章的主要内容，这考察了学生的概括能力。理解的标志之一，是对所理解的对象能用自己的话表达出来，如果学生的概括完整、通顺、重点突出，就从一个角度体现了学生对这篇文章的理解。

其次是抽象。"祥林嫂是一个反映了旧中国劳动妇女悲惨命运的悲剧形象"，这个判断已经"由个别上升到一般"，带有抽象的性质了，祥林嫂这个人物超越了一个具体的个体而具有了象征意义。著名作家丁玲说过，"祥林嫂是非死不可的，祥林嫂是被封建政权、族权、夫权、神权四条绳索绞死的"。这样的理解既高度抽象同时又直指本质，体现了理解较高的境界。

最后是推理。在学习这篇文章的过程中，有许许多多的问题期待解答，解答这些问题的过程就是理解的过程，对这些问题的回答就是理解的成果。例如，祥林嫂听了柳妈让她"捐门槛"的话，为什么"非常苦闷"？祥林嫂为什么想要知道"人死了之后，究竟有没有魂灵"？最后导致祥林嫂精神彻底崩溃的原因是什么？

总的说来，在理解的过程中，概括和抽象解决"是什么"的问题，推理解决"为什么"的问题。概括在现象层面形成"是什么"的理解，而抽象在

本质和规律层面形成"是什么"的理解。

现实生活和学习中需要理解的内容是非常多样化的。如，对人们的言语的理解是把握言语所表达的思想；对人们的行动的理解是把握其动机和效果；对自然和社会的理解是把握其因果关系或其结构和功能；对科学理论的理解主要是把握论据的逻辑联系。但无论是对哪个方面的理解，本质上都涉及两类问题——"是什么"和"为什么"，都要依靠概括、抽象和推理三种思维过程。

在日常生活和学习中，家长和教师要有意识地引导学生进行概括、抽象与推理，鼓励学生进行总结、对比、发现事物之间的联系、寻找规律。例如，在一个电视节目之后，家长可以问孩子："这个节目讲了一件什么事"？鼓励孩子用自己的话将节目的关键信息概括出来。进而可以问孩子："这件事说明了什么"，以及"这件事和另一件事有什么联系"，引导孩子通过抽象形成对本质和规律的理解。最后，家长可以选取节目中的若干关键信息，问孩子"为什么会是这样的"，加强孩子的推理能力。

4. 鼓励学生应用与实践

"学以致用"一直是我们追求的重要乃至核心的教学目标。俗话说"用过的知识最牢固"，学生在知识应用的过程中加强了对知识的掌握和理解，这是非常有价值的。

如果让学生完成一个社会调查，需要经历确定目标、做出假设、制订计划、收集数据、分析数据、撰写报告等诸多环节，而在这些环节中，学生既需要统计、写作、所调查领域的专门知识和思想方法，又需要逻辑思维、实证方法、人际交往、统筹规划等方面的能力。也许学生平时受过这些技能和能力的相应训练，但如果这项工作和任务对学生来说是"全新的"，要求学生在新的情境中进行假设、设计、建构的话，这就是一项"创造性"的工作。因此，应用的价值不仅在于加强了知识的理解与整合，还培养了学生诸多思想方法和策略，而且每个学科都有独特的学科思想方法，这恰恰是学科学习非常有价值的部分。

为什么有些人讲起来"头头是道",做起来却"凑凑合合";为什么有些事情"看起来"很简单,"做起来"却很困难?最重要的原因还是缺乏应用与实践的能力。一个人将教游泳的教科书全背下来也不可能学会游泳,因为学习游泳只有经过自己的尝试和努力,才能将局部的动作"串起来",才能体会那些只能意会不可言传的东西,这必须靠自己的体验和实践!

在教学中,以作文为例,为什么对同一个主题不同的人写出来的文章深刻程度、精彩程度不一样?这是因为作文是一种较为典型的实践性技能,不仅需要学生具有写作技巧,学生的逻辑思维能力、看问题的角度、对资料的分析能力等均有体现,本质上是对学生创作能力的考验。

应用首先是一种意识。我的一个学生在作业中谈到她侄子的一件事:

有一道数学题:"在歌唱比赛中一个歌手得到了7个评委的打分,求这个歌手最终得分的平均数。"除了侄子,全班同学都得到了正确答案——7个分数的平均值,只有侄子先去掉一个最高分,又去掉一个最低分,再求中间5个数的平均分。老师批评了他,说他"逞能"。

这个学生在做题时虽然忽略了一定的条件,但不可否认他的应用意识是很强的,我要是老师的话,一定会大力表扬和鼓励他的应用实践意识——能够把电视上看到的情景用到解决问题中。这种去掉最高分和最低分再求平均数的做法是有价值的,老师可以和学生一起分析这样做的价值是什么——避免出现不公平的现象,同时告诉学生,对这道题来说,没有要求去掉最高分和最低分,并不存在避免不公平的考虑,此时应当直接将7个评委的分数加起来求平均数,另外,还要提醒孩子解决问题时要考虑条件和要求。

应用实践能力的核心思维过程是"迁移"。迁移在心理学中的解释是"将已有知识和经验运用在新的情境中",中国古语中的"举一反三"、"融会贯通"、"触类旁通"等都是迁移这种思维过程的体现。迁移包括难度较低的"情境迁移",如学生模仿教师的做法管理小组活动、将某个应用题的解法应用于相似的题目、学习他人的写作风格和写作方法等。这种迁移的条件是情境的相似性,学生在识别了相似情境后,选择已有知识和经验解决类似新情境中的问题。迁移还包括难度较高的"类属迁移",即将已有知识和经验应用于看似完全不同的情境中，如绘画、书法、音乐之间的迁移，数学和物理之间的迁移。各类属之间迁移的不是具体的知识和技能，而是更上位的方法、理念和原理，这就需要学生有较高的理解和概括水平，能够从所学知识中总结和概括出更上位的、更一般性的规律，并且能将此应用于新的情境中。

培养学生的实践能力最有效的途径就是给学生布置真实的、真正的任务。当前中小学提倡培养学生的综合实践能力，让学生完成一些任务，这是很好的让学生进行应用与实践的机会。但是，我观察到诸多此类活动往往是"草草收场"，学生甚至老师有时候根本不知道要做些什么，一个有关社会实践的活动最终可能变成了郊游，也没有什么有价值的成果积累下来。这在很大程度上是因为综合实践活动对教师和学生的要求都相当高，学生必须有相应的知识技能储备、受过一定的训练，才能较高质量地完成这样的活动。

给学生布置的综合性任务可以是持续一段时间、较为复杂、需要多方面能力的工作，但选择任务一定要非常慎重，要事先进行审慎的规划和设计，尤其要非常清楚通过这样的任务要培养学生的什么能力，要用到哪些有价值的知识，学生是否已经做好了准备，是否具备了完成这项任务的能力基础，教师是否有时间、有能力对学生进行恰当的指导。草率地给学生布置一个"大任务"却又缺乏有效的指导将会浪费师生的时间和精力，结果事倍功半。

学生实践能力的提高既可以依靠学科内知识领域的综合，也可以扩展至不同学科领域之间的综合。如在数学教学中给学生布置一个综合性任务，使其有机会用到代数、几何、概率等多方面的知识；还可以将数学和信息技术结合起来，让学生用 Excel 作图以表达数学活动的结果。

5. 激发学生反思与创造

心理学家曾对学生进行这样的测试："山羊 26 只，绵羊 10 只，船长的年龄多大？"许多学生回答"36 岁"。类似的问题："有羊 125 只，狗 5 只，牧羊人的年龄有多大？"大多数接受测试的学生竟然准备给这样的问题提供答案！其中一个学生给出了"25 岁"的答案，他的思维草图是这样的："125 + 5 = 130，这太大了；125 − 5 = 120 还是太大了；而 125/5 = 25，这个合适。"

(陈琦，刘儒德主编：《当代教育心理学》，北京师范大学出版社，2007年第二版)。这实在是令人沮丧，学习反而使得学生的头脑变得机械和僵化了。按照公式"找"到一个答案，成为学习的核心目标。学生们认为"数学问题一定是有一个答案的"，于是想方设法尽量解答。

有一篇小学二年级的课文《三个儿子》，讲了这样的故事：

> 三个妈妈在井边打水，一个白胡子老爷爷坐在一块石头上歇着。一个妈妈说："我那儿子灵巧，又有力气，谁都比不过他。"第二个妈妈说："我那儿子唱起歌来赛过黄莺，谁都没他嗓子好。"第三个妈妈呢，什么也没说。老爷爷问她："你怎么不说说你的儿子呀？"第三个妈妈说："有啥可说的？他没什么出奇的地方。"
>
> 三个妈妈打了水，提着水桶回家，那个老爷爷也站起身，跟在后面。一桶水可重啦！三个妈妈走走停停，手都痛了，腰也累得直不起来。
>
> 忽然，迎面跑来三个孩子。第一个孩子跑到妈妈跟前，翻着跟头，像车轮子在转，真好看！第二个孩子跑到妈妈跟前，唱起歌来，像黄莺一样，真好听！
>
> 第三个孩子跑到妈妈跟前，接过妈妈手里沉甸甸的水桶，提着走了。
>
> 三个妈妈得意地对老爷爷说："您看见了吧，这就是我们的三个儿子！"
>
> "哦，有三个儿子？"老爷爷说，"我怎么好像只看见一个儿子呢！"

学习这篇课文之后，有一位教师给学生布置了作业，让其续写后面的故事。以下是一个老师认为写得比较好的作业：

> 听了老爷爷的话，有一个妈妈感到很遗憾，还有一个妈妈感到很吃惊，另一个妈妈脸上露出了幸福的笑容。
>
> 过了好些年，三个儿子终于长大成人了，聪明又有力气的儿子当上了一家公司的总经理，工作压力太大，很少回家；唱歌很好的儿子成为了歌唱家，他创作了很多作品，有许许多多的人都会唱他的歌，他还经常到世界各地演出，连他妈妈过生日都赶不回来，也不打电话；而孝敬父母的儿子从事着平凡的工作，当了一名奥运志愿者，带着妈妈参观奥运场馆。

一天，三个妈妈又见面了，一个妈妈抱怨自己儿子太忙；一个妈妈抱怨自己儿子忘了妈妈的生日；另一个妈妈什么也没说，但一直幸福地笑着。

《三个儿子》这篇文章像是一个板着面孔说教的人，用霸道乃至蛮横的态度宣布：一个天真稚嫩的孩子，他不可以在母亲疲惫的时候用自己的肢体语言博得母亲的欢欣，也不可以用自己美妙的歌声抚慰母亲疲惫的心灵，他只能接过母亲的水桶，如果他不这么做的话，就连做儿子的资格都没有。这何止是霸道，这简直是残忍！没有接过母亲水桶的孩子很爱他的妈妈，妈妈也很爱他，他还只是一个孩子，无法做到成年人要求的"懂事"，却要受到这么严厉的、不近情理的指责与污蔑！

学习这篇文章的学生们不需要思考，不需要真正体验文章中不同人物的心理和情感，更不需要，甚至不能对没有接过水桶的孩子表示理解和同情，他们只需要知道这篇文章想灌输给他们的标准答案，他们要做的就是表示认同并服从课文以及成年人的意志，"异口同声"地批评那两个不懂事、不孝顺的孩子！长此以往，学生还怎么可能有自己的思想，还怎么可能说真心话，还怎么可能质疑和创造！

在学校教育中，提高学生的反思与创造力一定要打破"标准答案"、"唯一答案"的桎梏，要鼓励、培养学生敢于质疑的精神与素质。亚里士多德认为"重的物体比轻的物体下落得快"。他是一个大科学家，质疑他不仅需要智慧，还需要勇气，而伽利略就是这样一个人，他通过实验和巧妙的论证证明了重的物体和轻的物体下落得一样快。人类不断追求真理、发现事实真相的过程就是反思与创造精神得到释放的过程，这也是学习和教育的核心目标。

不论是自然科学还是人文科学，提升学生的反思与创造力都是教学的主要目标。创造力是一种能力和品质，需要不断地积累和培养。例如，我们让学生解决一个非常简单的数学题："一本书25元，19本书多少钱？"大多数学生会用25×19得到答案，这是常规的解法。但如果一个学生在没有别人教他的情况下，能够用$25 \times 20 - 25$计算答案就是一种有创造力的表现，因为他表现出不循规蹈矩、独立思考的特质。

在日常生活中，我们会发现童言童语特别有趣，儿童还经常会有让父母惊讶的思想和举动，这正是创造力的基础和萌芽，一定要好好保护。教师和家长要鼓励孩子去表达、表现那些与众不同的想法与做法。

哲学家周国平曾这样描述女儿小时候的经历：

> 她在大约五岁的时候就会问很多让人意外的问题。有一段时间，她经常说不想长大，又说要是没有时间该多好呀。那些天里，她就老问什么是时间，时间是怎么回事。我怎么跟她讲清楚！但她自己在那里琢磨。有一天她说：我知道时间是怎么回事了，时间是一阵阵过去的，譬如刚才我说的那句话，刚才还在，现在不在了，想找也找不回来了，这就是时间。她知道时间一去不返的性质了！
>
> 还有一回，她问妈妈：世界的外面是什么？妈妈随口说：那还是世界吧。她不满意这个回答，想了一会儿，就说：世界的外面是世界的下一曲。她听CD，一曲完了还有下一曲，她用这个比方说明世界是无限向外延伸的。还有一回更神了，她问我：爸爸，在世界的另一个地方会不会有另一个我？我一听就毛骨悚然，赶紧打岔说：可能吧，说不定你还会遇到她呢。她转过脸对妈妈说：有一天，你老了以后，在世界的另一个地方又会生出一个人来，那个人跟你长得完全不一样，但她就是你。你们不要以为她是受了我的影响，实际上我非常小心，从来不向她谈这些大问题，这些问题都是在她头脑里自发产生的。你们为人父母之后，留意一下，肯定有一段时间孩子会提大量的这样的问题。现在大人对待孩子这样的提问一般都是三种态度：一种是置之不理；一种是顶回去；还有一种是自以为聪明地给孩子一个简单的回答。这些做法都很粗暴，对待孩子这种提问的最好办法就是鼓励孩子继续想。我在这种情况下往往这样说，宝贝，你提了一个特别好的问题，可是爸爸回答不出来，我们一起慢慢想。

（周国平著：《周国平人文讲演录》，上海文艺出版社2006年）

周国平的女儿在很小的时候就有了丰富的想象力和独特的思考，而且周国平很小心地保护了孩子的想象力，鼓励孩子继续想。其实每个孩子都有这样的天赋，这是上天赋予每个孩子最宝贵、最美妙的礼物。可是，有时我们忽视甚至糟蹋了这个珍宝，当我们把孩子送进各种培训班，当学生在辛苦地做题、背答案的时候，他们的思考力可能正遭受伤害和损失。每个孩子都有思考的天分，保护孩子的反思力和创造力比培养他们的反思力和创造力更重要。没有学到知识还有可能补救，而思考力的损失却可能永远无法弥补！无法想象一个从小就没有反思力、创造力的儿童长大了会成为一个有想象力和创造力的人。

培养学生的反思能力与创造力，首先要珍视、保护孩子这种与生俱来的天赋，父母和教师一定要敏感，要及时发现和鼓励学生独特、独立、新颖的思考，允许、欣赏孩子的自由表达，不要急于用那些所谓的知识和标准答案填满孩子的头脑，挤占、压抑孩子的想象力和创造力。

在应试教育的当下，学生、家长和老师都很担忧如果不紧紧追随标准答案的话，很有可能就会在应试竞争中处于不利的位置。北京二十二中的孙维刚老师把他55%的学生送进了北大和清华，他说："当学生的智力素质提高的时候，考上大学将成为副产品！"事实上，真正具有较高思考力的学生其应试能力也很强。当前的升学考试也在改革，越来越注重学生的思考力，让学生用死记标准答案的方式应对考试是不利的，因为他们一旦遇到需要较高思考力的题目就会处于下风。

综上所述，思考力是学生最值得保护和培养的能力，是学生认识世界、应对人生挑战的力量，思考力越强大，这种力量也越强大。但是，这种力量要想发挥积极的作用，还有一个方向的问题。简单地说，一个品行好的人会运用自己的思考力做好事，而一个品行不好的人则会运用思考力做坏事。因此，在教育过程中我们还要关心孩子的品行，因为品行决定了一个人行事的"方向"，这将在下一章进行阐述。

教育教学启示

1. 要培养学生的观察力，训练他们学会"聚焦"，聚焦的要求包括"聚而不僵"、"广而不散"、"细而不碎"。

2. 要丰富学生的记忆与积累。理解基础上的记忆最高效，将新的、陌生的识记内容与已有的、熟悉的内容联系起来，就会使记忆变得非常牢固，而且记忆过程也会很轻松。

3. 要促进学生的理解与领会。"概括"、"抽象"和"推理"是理解的核心思维过程。由问题驱动的理解更主动、更高效。理解需要一定的知识储备，在帮助学生理解某些内容时，一定要注意"铺垫"，要了解学生已有的知识结构，为学生理解目标内容补充必要的知识基础。

4. 要鼓励学生应用和实践。应用实践能力的核心思维过程是"迁移"，包括层次较低的情境迁移和层次较高的类属迁移。培养学生的实践能力最有效的途径就是给学生布置真实的、真正的任务。

5. 要激发学生反思与创造。提高学生的反思与创造力一定要打破"标准答案"、"唯一答案"的桎梏，鼓励、培养学生敢于质疑的精神。

还有比学习成绩更重要的吗
——道德与社会性发展

  2011年10月16日，中央电视台《看见》栏目专访了一个16岁的学生张炘炀。这个年龄的学生大多还在读高中，而张炘炀已经是北京航空航天大学的博士生。他从小就被叫作神童、天才。两岁半时，他就认识了一千多个汉字，4岁读小学一年级，6岁升入五年级，9岁直接上高三，2006年10岁的他考上大学，2008年成为全国年龄最小的硕士生，2011年成为全国年龄最小的博士生。10岁的时候，张炘炀说："我最佩服的人是张炘炀，因为我觉得张炘炀比其他人都好，是世界上最优秀的。"张炘炀跟记者说："我博士出来，连住的地方都没有。博士毕业有用吗？博士后毕业有用吗？"于是，张炘炀要求父母全款在北京给他买房。这可把张炘炀的父母愁坏了，而且让他们特别伤心的是，张炘炀说："本来最希望我留在北京的就是他们，他们应该为此努力。"这让张炘炀的父母包括我们每一个人都必须冷静地思考：在学生成长、发展的过程中，有比学习成绩更重要的吗？

1. 人品的培养是第一位的

北京师范大学的校训是"学为人师，行为世范"。"学"指的是学问、能力，"行"指的是一个人的品行。这说明一名教师不仅要有学问、有能力，还要在品行方面成为学生和世人的模范。对任何一个公民来说，品行端正也是一个重要的、必要的要求。在学校教育中，我们有一个永远追求的目标——让学生"德才兼备"，"才"是学生的能力与才干，而"德"就是学生的德性与品行。

司马光曾说"君子挟才以为善，小人挟才以为害"。著名教育家吕型伟先生提出"欲成才，先成人，不成人，宁无才"。一个人的学问和能力表现了这个人"力量"的大小，而这种力量能够发挥怎样的作用还要看它用在什么地方，一个人的品行在很大程度上决定了这个力量的方向。因此，才干和能力决定的是一个人能发挥多大的力量，而品行决定了这个力量能够起到积极的作用还是消极的作用。

如果时间倒退到16年前，张炘炀的父母面对将孩子培养成为一个"普通、善良而又体谅父母的孩子"和"中国最小的博士生"，他们会做何选择？在此，我无意将一个人优秀的成绩和良好的人品对立起来，但是我们可以深切地体会到，一个人的人品相对于他的成绩来说更重要，我们永远要将孩子的人品的培养放在第一位。

一个人在社会上生活，通常追求两个层次的目标，一是要生存，二是要幸福。生存是物质方面的追求，幸福是精神方面的追求，而这两个方面是否能够得到满足，都和一个人的品行有极大的关系。

新东方的创办人俞敏洪在博客上发表了很多有关教育孩子的文章，其中一篇文章的主题是"家庭教育的头等大事——人品教育"：

> 很多家长的标准是要求孩子在班里进前5名，孩子只要能考上北大、清华就算成功，到哈佛、耶鲁就更加成功。而孩子的成长有很多标准，比如说人品是否高洁是一个标准，个性是否健康是一个标准，做事是否有创造力、想象力是一个标准，有没有吃苦精神、有没有勤奋精神是一

个标准，有没有摔倒在地上敢于爬起来的精神也是一个标准。

我从小就特别热爱劳动并且非常愿意去帮助别人。我在 14 岁的时候，就获得了我们县里的插秧冠军。17 岁时，我是县里优秀的手扶拖拉机手。我从小学一年级起就一直打扫教室卫生，到了北大以后我养成了一个习惯，每天为宿舍打扫卫生，这一打扫就干了四年，我们宿舍从来没排过卫生值日表。另外，我每天都拎着宿舍的水壶去给同学打水，把它当作一种体育锻炼。大家看我打水习惯了，最后还出现这样一种情况，有的时候我忘了打水，同学就说："俞敏洪怎么还不去打水？"

10 年后的 1995 年，新东方已经做到了一定规模，我希望找合作者，就跑到了美国和加拿大去寻找我的那些同学。为了鼓励他们回来我特意换了一大把美元，每天在美国非常大方地花钱，想让他们知道在中国也能赚钱，我想大概这样就能让他们回来。后来他们回来了，但是给了我一个十分意外的理由。他们说："俞敏洪，我们回来是冲着你过去为我们扫了 4 年的地，打了 4 年水。我们知道，你有饭吃肯定不会给我们粥喝。"这些人的加入奠定了新东方发展的基础，新东方才会不断地做大，做成美国的上市公司，做成了今天的规模。

一个人想要在事业上获得成功，想要在物质上得到一定的满足，必须与他人互动与合作。一个人既要和上级领导相处，也要和同事相处，领导信任什么样的人？同事又愿意和什么样的人合作？这个答案很明显——与品行好的人相处、合作。得道多助，失道寡助，一个品行好的人，不会被人提防，能够得到更多的帮助，这无疑是事业成功的基础。从俞敏洪的这个案例可以看到，人品对于他的事业成功来说非常关键，正是他的人品使得那些高智商、高能力的同学可以卸下心防，聚拢在他的身边与他一起创业。

一位台湾母亲在网络论坛上写了一篇文章——《我家的"23 号"女儿》（http：//www.babytree.com/community/group27579/topic_1433124.html）。

女儿的同学都管她叫"23 号"。她的班里总共有 50 个人，而每每考试，女儿都排名 23。久而久之，便有了这个雅号，她也就成了名副其实的中等生。我们觉得这外号刺耳，老公发愁地说，一碰到公司活动，或者老同学聚会，别人都对自家的"小超人"赞不绝口，他却只能扮深沉。人家的孩子，不仅成绩出类拔萃，而且特长多多。唯有我们家的"23号女生"，没有一样值得炫耀的地方。因此，他爸爸一看到娱乐节目里那些才艺非凡的孩子，就羡慕得两眼放光。有一次，他看到一则九岁孩子上大学的报道，他调侃地问女儿：孩子，你怎么就不是个神童呢？女儿说，因为你不是神父啊。

中秋节，亲友相聚，坐满了一个宽大的包厢。众人的话题，也渐渐转向各家的小儿女。趁着酒兴，要孩子们说说将来要做什么。钢琴家，明星，政界要人，孩子们毫不怯场，连那个四岁半的女孩，也会说将来要做电视主持人，赢得一阵赞叹。十二岁的女儿，正为身边的小弟弟小妹妹剔蟹剥虾，盛汤揩嘴，忙得不亦乐乎。人们忽然想起，只剩她没说了。在众人的催促下，她认真地回答："长大了，我的第一志愿是，当幼儿园老师，领着孩子们唱歌跳舞，做游戏。"众人礼貌地表示赞许，紧接着追问她的第二志愿。她大大方方地说："我想做妈妈，穿着印叮当猫的围裙，在厨房里做晚餐，然后，给我的孩子讲故事，领着他在阳台上看星星。"亲友愕然，面面相觑，连客气话也不知怎么说了，老公的神情则极为尴尬。

周末，一群同事结伴郊游。大家各自做了最拿手的菜，带着老公和孩子去野餐。一路上笑语盈盈，这家孩子唱歌，那家孩子表演小品。女儿没什么看家本领，只是开心地不停鼓掌。她不时跑到后面，照看着那些食物，把倾斜的饭盒摆好，松了的瓶盖拧紧，流出的菜汁擦净。忙忙碌碌，像个细心的小管家。野餐的时候，发生了一件意外的事。两个小男孩，一个数学尖子，一个英语高手，同时夹住盘子里的一块糯米饼，谁也不肯放手，更不愿平分。大人们又笑又叹，连劝带哄，可怎么都不管用。最后，还是女儿，用掷硬币的方法，轻松地打破了这个僵局。回来的路上，堵车，一些孩子焦躁起来。女儿的笑话一个接一个，全车人都被逗乐了。她手底下也没闲着，用装食品的彩色纸盒，剪出许多小动物，引得这群孩子赞叹不已。至下车，每个人都拿到了自己的生肖剪纸。

听到孩子们连连道谢,老公禁不住露出了自豪的微笑。

期中考试后,我接到了女儿班主任的电话。女儿的成绩仍是中等。不过,他说有一件事想告诉我。语文试卷上有一道附加题:"你最欣赏班里的哪位同学,请说出理由。"除女儿之外,全班同学竟然都写上了女儿的名字。理由很多:热心助人,守信用,不爱生气,好相处等等,写得最多的是,乐观幽默。班主任还说,很多同学建议,由她来担任班长。他感叹道:你这个女儿,虽说成绩一般,可为人,实在很优秀啊。

我默默地打量着正在织围巾的女儿,长大成人后,她一定会成为贤淑的妻子、温柔的母亲、热心的同事、和善的邻居。在漫长的岁月里,她都能安然地过着自己想要的生活。作为父母,还想为孩子祈求怎样更好的未来呢?

在追求人生幸福的方面,一个人的品行也有重要的影响。幸福的核心是内心的安宁与喜悦。一个品行好的人,与他人的关系更和谐、更少冲突,这一定有助于其形成安宁的生活状态。这个"23号"女儿,同学认可她"热心助人,守信用,不爱生气,好相处,乐观幽默";老师认可她"虽说成绩一般,可为人,实在很优秀啊";母亲也觉得她"在漫长的岁月里,她都能安然地过着自己想要的生活"。也许她将来不会有显赫的事业,背后不会有名利的光环,但我们每个人都知道,她很有可能生活得很幸福,也很有可能给周围的人带来幸福。

2. 良好的品行的六个方面

从心理学的角度来看,以下六种心理品质对孩子的品行很重要。

(1) 善良

善良是一切美德的核心,人们无不极力赞颂善良的品质。

善良的、忠心的、心里充满着爱的人不断地给人间带来幸福。

——马克·吐温

善良的心就是太阳。——雨果

唯有善良的品格，无论对于神或人，都永远不会成为过分的东西。——培根

善良的行为使人的灵魂变得高尚。——卢梭

灵魂最美的音乐是善良。——罗曼·罗兰

从心理学的角度来看，善良包含了两种基本的心理成分：一是同情和悲悯，二是友好与利他。同情和悲悯指一个人能从他人的角度看问题，能体验他人的情感，感受他人的痛苦并产生怜悯之情。利他是一种典型的"亲社会行为"，是为了使别人获得方便与利益，而不图回报的助人为乐的行为。

网上一位叫邱亮的老师其博客中有一封学生给他写的信：

老师你好！其实我觉得王××挺可怜的，她就是有点爱骂人罢了。我相信你还是不了解王××的家世吧！她妈妈和爸爸离婚了，她跟她妈妈一起来到这个后爸家里。我推测，这个后爸应该对她不太好，她的性格可能和这个有点关系吧！同样作为女生，我很同情她，也能理解她，但是不晓得为什么这个班级里的人处处和她作对，当她哭的时候我真的好想和她一起哭，我想和她成为好朋友。老师，请您以后找点时间和她聊聊天吧！她真的很可怜，很孤独！其实我相信她也想改改自己的性格，只不过这么多人和她作对，她能够改好么？您不是说不让每个孩子孤独吗？您就找点空和她说说话吧！

这是一份典型的关于善良的注解，女孩对同学同情、怜悯的心情溢于言表，这就是善良的表现。

请看下面这个寓言故事：

一场暴风雨过后，成千上万条鱼被卷到海滩上，一个小男孩每捡到一条便送到大海里，他不厌其烦地捡着。一位恰好路过的人对他说："你一天也捡不了几条，这样做有什么用呢？"小男孩一边捡着一边说道："起码我捡到的鱼，它们得到了新的生命。"

请相信，每个人与生俱来都具有善良的基因，孩子的善良不是被植入的，而是被保护和被激发的。善良的基因就像种子一样，能否发芽、成长并最终

表现为一个人的善良行为，还要依靠后天的环境和教育。

我在一所小学进行问卷调查，有一个男孩写得特别慢，我走到他身边的时候，前面的女生转过身来跟我说："老师，您别等他了，他是我们班写作业最慢的，我们老师都不要他的作业。"听到这样的话，我感到有些难过，一个孩子怎能在陌生人面前这样说自己的同学呢。如果这个女生说的情况是真实的，那么我想他们的老师是有些缺乏同情心的，而这给学生做了一个消极的榜样，使学生用一种缺乏同情心的方式"伤害"了自己的同学。

2011年12月底，网络上有这样一则报道：

> 河北省石家庄一辆35路车上站着一位抱孩子的年轻女子。一名二十多岁民工模样的小伙子主动站了起来，并好心地对这对母子说："坐这里吧。"谁料，女子并未领小伙子的情，反而瞟了小伙子一眼，说了句："不坐。"见此情形，小伙子无奈打算重新坐下。女子抱的孩子却开口央求道："妈妈，我坐我坐。"听闻此言，小伙子又站了起来，准备让孩子坐。此刻，让人震惊的一幕发生了，女子居然冲着孩子发火说："坐什么坐，不怕脏，不怕得病啊！"

看了这样的报道，真让我不寒而栗！这是一颗怎样坚硬、冰冷而又残酷的心！孩子生活在这样的人身边，未来会成为一个什么样的人？！我有一次过马路时，前面的一位母亲指着扫马路的工人对自己的孩子说："你要是不好好学习，将来就得跟她一样扫马路！"这句话实在非常残忍，受到伤害的不仅是这位清洁工人，孩子善良的天性也受到了伤害！

保护孩子善良的天性是每一个父母和老师的天职。在日常教育教学中，父母和教师要身体力行，以自己对环境、对他人、对社会的善良行为给孩子做一个好榜样。同时，父母和老师要引导孩子体会人间的爱与善良，丰富他们的情感，鼓励他们表达同情与怜悯，比如，在力所能及的范围内帮助弱势群体和流浪小动物，让我们的孩子都有一颗柔软而又温暖的心。

在当前这个竞争激烈的社会，每个人都面临很大的压力，有不少人通过投机取巧、行为不轨获得利益。于是，有些家长教导孩子不能吃亏，甚至有便宜就要占，或者告诉孩子"马善被人骑，人善被人欺"，不鼓励孩子坚持善良的品质或遇事忍让的心态。我们非常理解家长保护孩子的心情,但请家长一定要意识到,这种选择也许能得到现实的利益,但孩子失去的东西可能更宝贵。请家长们再看一看前面俞敏洪和"23号女儿"的例子,仔细思考他们坚持了什么、失去了什么、得到了什么,对孩子一生的发展和幸福来说,孰轻孰重,又该作何选择。

(2)宽容

《不列颠百科全书》关于宽容的定义是:允许别人自由行动或判断;耐心而毫无偏见地容忍与自己的观点或公认的观点不一致的意见。我国现代汉语词典对宽容的解释是:宽大有气量,宽厚能容忍,不计较或不追究。前者强调在思想上的兼容并包,后者强调行为上的宽厚容忍。因此,宽容表现在两个方面:在思想上,允许乃至欣赏别人的思想和行为,即使自己可能不同意或不认可这种思想和行为;在行为上,在别人冒犯自己的时候理解与忍让。

美国总统林肯9岁时亲生母亲南希病逝。一年后,继母萨利走进他的生活。可是,林肯起初并不接受这个后妈,对这个陌生的女人充满了戒心,从不肯叫她一声"妈",有时还会出点坏主意让她难堪。萨利对此丝毫没有抱怨,她完全理解孩子的心情,依然加倍地照顾林肯,视如己出。她在家庭非常贫困的情况下说服林肯的父亲让林肯上学,给林肯买在别人看来毫无用处的书和课本。

可惜好景不长,不到一年的时间,林肯被迫辍学回家做了伐木工人。在伐木场,每个工人伐倒树木之后,都要用墨水在木材上做好标记,写上自己姓名的第一个字母,然后凭标记向老板领工钱。有一次,林肯发现,在自己辛苦伐倒的十几根木材上竟然写着字母"H"。回家后,林肯火冒三丈地向萨利倾诉:"很明显,这事一定是亨格利那个家伙干的,我要将此事告诉大家,让他当众出丑。"萨利柔声地问他:"孩子,你需要朋友呢,还是需要敌人?""当然需要朋友。"林肯不假思索地回答。"这就对了,做人要有宽容之心,如果你将来想干一番事业,就需要一大批人支持你,若是树敌太多,必将寸步难行。"林肯默不做声,用力地点了点头,将继母的话铭记在心。在以后的人生道路上,林肯从未忘记继母的教诲，常怀一颗宽容之心待人处世，为他后来辉煌的政治生涯赢得了最广泛的支持。

林肯当上总统之后，国防部长斯坦顿曾在背后咒骂他是"该死的傻瓜"。有人暗中将此事告诉了林肯，就在人们等着看国防部长出丑时，林肯却说："可能我真是个傻瓜，我了解斯坦顿这个人，办事向来认真负责，他说的话十有八九是正确的。"很快，林肯的话又传回到斯坦顿耳朵里，他羞愧万分，立即跑来向林肯当面道歉。因为胸襟宽阔，林肯不仅轻松化解了一场风波，而且更加赢得了人们的尊敬。

林肯的继母萨利自身就是一个宽容的人，她以一颗宽容之心真诚地对待林肯并感化了他，她也教导林肯要宽容待人，这对于林肯最终做出大成就功不可没！

我在一所幼儿园作讲座的时候，很多老师反映现在有很多父母教自己的孩子"在幼儿园有人打你，你就打回去"。平时在活动中，很多孩子一点儿亏都不能吃，有时还很霸道，受到一点委屈就大哭大闹，不依不饶。这确实是令人忧虑的现象。我们生活在一个压力很大的社会，不仅处处面临竞争，有时还会受到不公平的待遇甚至伤害。我非常理解父母出于保护孩子的心情，希望孩子能够"得到自己该得的"、能够"不吃亏"，但是，前面提到的俞敏洪，他给同学打了4年的水，扫了4年的地，他"吃亏了"吗？如果我们教育孩子成为一个"计较"的人，他一定会遇到更计较的人，这样往往会处于矛盾和冲突的漩涡中。此外，一个不宽容的人处处想得到，事事要完美，心态往往会变得浮躁，永远没有满足和满意的时候，因而也不可能体验到安宁和幸福。

2007年4月，美国弗吉尼亚理工大学发生了震惊世界的校园枪击案，凶手枪杀了32名无辜的学生。在停课的一周里，学校举办了多场悼念活动。令人意外的是，最后自杀了的凶手赵承熙和32名遇难者一起被列为悼念的对象（2007年4月27日《中国青年报》）。据报道，在4月20日中午举行的遇难者悼念仪式上，放飞的气球是33个，敲响的丧钟是33声。有人给赵承熙留言："希望你知道我并没有太生你的气，不憎恨你。你没有得到任何帮助和安慰,对此我感到非常心痛。"

这些悼念凶手的人没有是非观吗?他们不懂得嫉恶如仇吗?不是!因为这些善良的人有同情心,他们认为赵承熙心理有疾病,却没有及时得到社会、家庭的关心和救治,才导致悲剧的发生,社会是有责任的。

在现实生活中,如果孩子回家跟你抱怨,班上有个学生太讨厌了,并且列举他的种种不是,此时父母该如何回应?我的建议是,父母可以认可孩子同学的行为确实有问题,但同时可以跟孩子说,这个同学有这样那样的问题,有可能是家庭和环境造成的,他现在这样挺可怜的,将来会遇到不少困难,有机会的话你可以帮帮他。

宽容不是没有原则、好坏不分,而是将错误的事情和做错事情的人区别对待。这就好像在一场你死我活的战争之后要优待俘虏,这是文明的体现。反之,如果以残暴对待残暴,正义在哪里,文明又在哪里?

宽容还有一个重要的表现,就是要容许不同的意见和声音。现在在网络上经常会看到 A 不同意 B 的看法,就对 B 破口大骂,而 B 也不甘示弱地骂回去,最终成为两派的互相谩骂和羞辱,争论的观点反而不见了。

"我不同意你说的每一个字,但我誓死捍卫你说话的权利。"这句名言首见于霍尔所著的《伏尔泰的朋友们》一书中。这是作者对伏尔泰观点的阐释,基于伏尔泰在《论宽容》中所说"自己独立思考,并让他人同样享有这样做的特权",以及伏尔泰在给勒希什的信中说:"拉贝先生,我讨厌你所写的东西,但是我会拼命给你写的自由。"由此,我们可以看到宽容的人最有力量,宽容的人最自信。

父母和教师一定要教导学生学会倾听、欣赏别人的声音与想法,即使自己当下不能同意或接受,也要怀着求同存异的态度,尊重别人及其观点。比如,在别人表达观点的时候,要耐心倾听,有不同意见时以商量的、有礼貌的方式提出来,有时要学会保留自己的意见,争论可以很激烈,但气氛应当很友好。要让学生知道世界上的很多事都不是非黑即白、非对即错的,站在不同的立场就会有不同的看法。要让学生学会倾听,倾听的过程就是学习的过程,这样一个人才能够最大限度地学习、提高和完善自己。

(3) 谦逊

谦逊的基本含义是不自大、不虚夸。我的学生在学习成绩方面都是同龄人中的佼佼者，他们在激烈的高考竞争中获胜，有时个别学生会表露出"精英意识"，看不起成绩或能力不如他们的同龄人。我会和他们分享一件事：我的父亲重病，母亲年纪也大了，兄嫂工作繁忙，我又在外地，照顾父亲实在困难。我的表姐退休了，在我家人的请求下，她经过慎重考虑决定照顾我的父亲。表姐对父亲全心全意、悉心照顾，全天陪伴、全年无休。一年后，我的父亲竟然有了好转。我从内心对表姐非常感激，表姐高中都没毕业，退休前一直从事的是服务员的工作，但我觉得她非常了不起，每次回家，都能吃到她花样无穷的饭菜，一家人围在一起欢声笑语。在这个方面，她的贡献比我这个大学老师要重要得多。

《中国青年报》（2010年1月6日）有一篇报道——《只会写自己名字的港大院士》：

> 这个院士没有上过大学，也不知道什么是"院士"。她一生只学会写5个字，却被香港大学授予"荣誉院士"。她没做什么惊天动地的伟业，只是44年如一日地为学生做饭、扫地。在颁奖台上，这位82岁的普通老太太——袁苏妹——被称作"香港大学之宝"。
>
> 她被安排压轴出场。这一天与她同台领奖的，有汇丰银行曾经的行政总裁柯清辉、香港富豪李兆基的长子李家杰，以及曾获铜紫荆星章的资深大律师郭庆伟。与这些政商名流相比，这位老人的履历显得异常单薄：学历，没读过小学，除了自己的姓名，她当时还不会写其他字；工作经历，从29岁到73岁，在香港大学的大学堂宿舍先后担任助理厨师和宿舍服务员等职。
>
> 这场历年完全以英语进行的典礼，此刻因她破天荒地使用了中文。香港大学学生事务长周伟立先用英语宣读了写给这位老人的赞辞，接着又以广东话再次致辞。直到此时，从未受过教育的袁苏妹才听懂，颁发院士的荣誉，是为了表彰她"对高等教育界作出独特的贡献，以自己的生命影响大学堂仔的生命"。

有人开始称她为"我们的院士",但她显然更喜欢另外一个称呼——"三嫂"。因为丈夫在兄弟中排行第三,三嫂这个称谓被港大人称呼了半个多世纪。"三嫂就像我们的妈妈一样。"很多宿舍旧生都会满怀深情地说出这句话。当然,就像描述自己母亲时总会出现的那种情况,这些年过半百、两鬓斑白的旧生,能回忆起的无非都是些琐碎的小事。

今年70岁的香港电视广播有限公司副行政主席梁乃鹏还记得当年考试前"半夜刨书",三嫂会给他煲一罐莲子鸡汤补脑。已经毕业15年的律师陈向荣则想起,期末考试前夕高烧不退,三嫂用几个小时煎了一碗凉茶给他,"茶到病除"。时常有学生专门跑到饭堂找她聊天。男孩子总会向她倾诉自己的苦闷,诸如不知道如何讨女友欢心之类。女孩子也会找到三嫂,抱怨男孩子"只顾读书,对她不够好"。多数时候,三嫂只是耐心地听完故事,说一些再朴素不过的道理,"珍惜眼前人",或是请他们喝瓶可乐,"将不开心的事忘掉"等等。每年毕业时分,都会有很多穿着学士袍的学生特意跑来与她合影留念。

那些大学时独特的味道,成为旧生每年聚会时永恒的话题。一位40多岁的中年男人像个孩子一样夸耀三嫂的手艺:"你知道吗,大西米红豆沙里面的西米直径足有1厘米,好大一颗!"很少有人知道,为了将这些大西米煮软,三嫂要在灶台前站上两个多小时。为了让红豆沙达到完美,她只在其中放新鲜的椰汁。而蒸马豆糕时,为了让它"有嚼劲",她必须用慢火煲1小时,"不停地用汤勺搅拌"。

这位从没摸过教材的老人,压根儿不曾想到,自己会成为大学堂"迎新教材"的一部分。在名为"宿舍历史"的课程中,每年新生都要学习宿舍之歌:"大学堂有三宝,旋转铜梯、四不像雕塑和三嫂。"

现在我们的教育有一个危险,不允许孩子做一个平凡的像三嫂那样的人。教师和家长要让学生认识到,在班上考第一名好,成绩不好却热心为同学服务的同学也很好;上重点中学好,无力升学早早进入社会为父母分忧的邻家伙伴也很好;上名牌大学好,没有上大学生活得普通踏实的同学也很好;功成名就好,默默无闻努力工作的同事也很好。

作为教师和家长,我们可以教学生自信但不可自负,可以教学生进取但不可张狂。本章开头的张炘炀是自信的,但不是谦逊的,没有谦逊的加持,自信就有可能膨胀成自大和自我中心。谦逊的人也可以获得成功,他们也能获得名利,但他们不会成为名利的奴隶,因为一颗谦逊朴实的心让他们始终"知道自己是谁"、"要往哪里去"。

(4) 真诚

真诚最通俗的解释就是真实、诚恳。下面是我的学生的作业片段:

> 我的高中文科班主任邓老师是一位风趣敬业的历史老师,整所高中的学生都亲切地称呼他为"老邓",这样没大没小的称呼是因为他的好脾气和亲近学生的性格。我体会最深的是在高考文综前夕,已经是晚上了,我忽然想起一个当年北京的热门话题,这也许会成为考试题,于是连忙给邓老师打电话请教,因为信号很不好,邓老师那边不得已挂断了。我守在电话边有些心急,但是很快,邓老师给我发来一条短信大致回答了我的问题。我看到短信已经基本明白了,但是过了几分钟他又用街上的公用电话给我打回来,因为生怕我没有收到短信。文综考试时,我想到的内容的确出成了一道大题中的一问,感谢老师的讲解,我答得很顺利。高考过后我才知道,那天老师接到我的电话时还没回到家,而触屏手机的手写笔又丢了,无奈之下竟是到街边绿化带里捡了一根树枝代替笔,给我编辑的短信!这样的老师怎能不受学生敬重?

从学生的回忆中我们能体会到,邓老师是一个真诚的人!生活中有些人"实诚",而有些人却"虚头巴脑";有些人"靠谱"、"值得信赖"、"正直",另一些人会让我们觉得"不靠谱"、"捉摸不透"。区别就是他们在真诚度上存在明显的差异。真诚是一种非常积极的人格特质,这样的心理品质有两个特点:第一,坦诚相待。真诚贵在真实,真诚的人与他人交往时,将真实的自己袒露在对方面前,说真话,办实事。第二,感情真挚。真诚的人与他人交往时态度诚恳,感情真挚。他们愿意与他人在情感上建立亲密与相互信任的关系,能够从与他人的交往中获得满足与喜悦,愿意相信他人,也为他人提供感情的依靠。真诚的人与他人交往时能够付出真心,重情感,不算计交往中的得失,愿意为他人提供实实在在的帮助。

真诚不仅朝向他人,对自己也有是否真诚的问题。"我是一个什么样的人?""我喜欢做什么?""我适合做什么?""和什么样的人成为朋友?"等等这些问题,需要我们不断地探索和思考。心理学的研究表明,为了避免可能的痛苦和损失,为了获取眼前的利益、为了让重要他人感到满意、为了延迟面临的挑战,人有各种防御与掩饰机制,这使得我们无法倾听自己内心真实的声音,对上述问题无法得到真正的答案,无法做到真诚地面对自己。就像我们对一个不真诚的人会失望、鄙视、远离一样,对自己的不真诚也会让我们对自己感到失望,从而陷入痛苦或麻木之中。真诚能引导我们认识并接纳自己,找到自己喜欢的事、喜欢的人,这对于我们每个人都非常重要。

真诚的人将自己的真心袒露出来,当然可能会因此而受到伤害。在日常教育和生活中,有些家长为了避免孩子受到伤害,将成人的圆滑和世故教给孩子,让孩子把真诚的心包起来,这是非常不利的做法,就好像我们去郊外旅行可能会跌倒受伤,但却不能因此将自己封闭在家里。真诚换真诚,当孩子失去表达与接受真诚的品质,他有可能无法得到别人真诚的对待,他也可能会失去真诚对待自己的能力,这无疑会折损他在生活中因真诚而得到的愉悦与幸福。

(5) 中正

在上面的例子中,三嫂是一个什么样的人?我认为她是中正的人。什么是中正?为什么这种心理品质很重要?

我们来看看下面这个在日本生活的中国人的经历:

> 大约在5年前,我在日本开车撞了一个老太太。那天阳光明媚,视野良好,快到十字路口时我确认了前面是绿灯,正在匀速通过时正前方突然出现了一个骑自行车的老太太,我万万没有想到前面会突然出来一个人,待我刹停时只见我的车头上滚上来一个人,又"咕咚"一下滚了下去,当时感觉整个过程像慢动作。
>
> 下得车来,头脑空白地走到老太太身边,只见她横卧在地,年纪看

上去有60多岁，血流了一大片。我的脑子"嗡"地一下就晕了，一边口中念道："完了完了！"这时老太太呻吟起来，老太太的呻吟声多少给了我一个安慰，她还活着！

这时，两个女大学生走过来跟旁边的警察说，是那个老太太闯红灯，她们愿意做证明（这事我是第二天听警察说的，当时我脑子极度混乱）。警察做完笔录对我说，今天有人作证你没有闯红灯，老太太也说是她闯红灯了，你可以回去了，但不管怎么说你明天来一下警察署。

第二天我去了警察署，警察对我说即使你没有过失也有义务去医院看看老太太，这是道义上的问题。我赶紧连连称是。

当天下午我就和老婆买了糕点去医院看望老太太。一个护士叫我稍等，她去病房看看情况。突然我听到脚步声大作，一帮人朝我跑过来，我一下就感到不妙——家属找我拼命来了！正在我犹豫是不是要拉着老婆逃跑时，这伙人已经冲到我面前了，跑在最前面的两个人一边朝我鞠躬一边说："真对不起，给您添麻烦了！"我一时不知道怎样回答才好。这时，跑在后面的几个人也说话了："实在对不起，她那么大岁数的人了还像个小孩似的闯红灯，给您添麻烦了。"

我的眼睛湿润了，我什么都没说，只是不停地给他们鞠躬。

来到老太太床边，她一点也没有责怪我，她说她那天脑子里想着事情，也不知怎么地就闯了红灯了。我和老婆还是表示了歉意，我说，以后我开车一定要精神再集中一些，再小心一些。

中正的基本含义就是正直、忠直。在这个案例中，警察秉公执法，没有因为司机是一个外国人而歧视或不公；两个过路的女大学生主动提出要为司机作证；被撞伤的老太太没有怪罪司机，更没有借此敲诈司机；老太太的亲属明事达理，反而向司机表达歉意。这些人的行为就是对中正最具体、最鲜明的注解，他们在不同的方面都表现出中正的品质。

中正的人内心秉持正确的信念和价值观，能够坚持原则，行事端正，执著坚持。

2012年1月24日郑州电视台报道了一对不寻常的夫妻。他们在结婚时妻子重达177公斤，男方家庭的所有人都反对。先生说："你们要帮着办就帮，不帮我也要和她一起生活。"妻子由于太胖，无法躺着睡觉，很多时候妻子都要靠在先生的身上睡觉，先生为此能坚持坐着好几个小时。妻子由于肥胖患上多种疾病，最终让她下决心减肥的原因是先生说："你胖我也喜欢，但我更想你活得健康一些。"先生说到妻子由于肥胖和减肥所经历的痛苦，不由得留下泪水，他认为自己没有照顾好妻子，让她受了很多苦。

这就是中正的人，稳定，可靠，有担当，有道义。无独有偶，北京有位杨丽英女士照顾煤气中毒几成植物人的丈夫整整三十年，终于等到了丈夫醒过来"再相识"的那一天。这位先生和杨丽英女士因为有一颗中正的心，有正直和信念的加持，显得无比坚定。

家长和教师一定要多给学生分享发生在我们身边的这样的事例，让学生知道世上什么最珍贵，什么最值得追求。照顾肥胖妻子的先生，执子之手、与子携老的杨丽英，他们都是善良的，但面对巨大的困难能够坚持下来，就不仅需要善良，还需要一颗中正的心。中正的人一定是善良的人，而善良的人在某些时刻不一定能够坚持中正。例如，自己的同事受到领导不公正的待遇，我们会因为善良而同情他，但有多少人能够站在同事的立场支持他？因此，善良可以表现在观念层面，而中正必须付诸行动。善良需要环境的呵护，而中正则需要教导和实践。

中正最大的敌人就是以金钱和权力为代表的现实利益。义利之辩在中国延续了上千年，家长和老师要教育孩子，君子可以爱财，也可以取之有道，但有时二者可能存在矛盾，此时就需要一颗中正的心把持自己。

我的学生曾晓星在作业中有这样一段话：

> 我不是老师喜欢的学生，我也不需要她喜欢我。我冷眼旁观，班上有那么一个小群体，永远打扮得光鲜亮丽，像公主一样，每天扎着不一样的辫子，带着不一样的头花。她们成绩中上，特别活泼，爱参加各种活动，常对老师说的话是"老师你真好，就像我妈妈一样"。每当教师节，她们会送上一大束精致的鲜花甚至花篮。她们喜欢抱团，喜欢打小

报告，是老师的得意助手。

被称为"新东方最牛的英语老师"罗永浩，在他的书中记述了他小学时的一个片段：

> 那天的语文课上，班主任老师告诉我们写信的时候，称呼要空两格写，不要顶格写。于是我举手站起来表示，这个说法和语文教科书上的不符，而且据我所知，大家写信的时候，称呼好像都是顶格写的。老师满脸不耐烦地跟我辩论了几句之后，粗暴地要求我闭嘴坐下，并提醒大家以后要按照她的要求写信，不许再啰嗦，最后还撂了一句："老师三十多年都是这样写信的，还没见谁说过我写得不对呢。"我忍无可忍，就在下面嘀咕了一句："三十多年都写错，只能说明狗改不了吃屎。"结果被我的同桌告到了老师那里，转天老师就派她上高中的儿子在课间的时候过来暴打了我一顿。

（罗永浩著，《我的奋斗》，云南人民出版社2010年）

罗永浩的同桌为什么要报告老师呢？罗永浩骂老师肯定不对，如果她觉得罗永浩做错了，报告老师是为了与错误行为做斗争，这个可以理解。但是，如果她只看到罗永浩做得不对，对老师有错不改的行为视而不见，为了讨好老师、当老师的"红人"而告状的话，就这样的行为就不够中正了。就像曾晓星同学所说的，在小学就有一些学生"喜欢抱团，喜欢打小报告，是老师的得意助手"，这些学生成人后，他们会将现实的利益作为行事的准则，内心缺乏稳定的信念和是非观，我相信，如果出现了更大的利益附着体，他们会毫不犹豫地抛弃他们曾经谄媚过的人。

在当前社会，我们每天面临无数的诱惑和选择，我们在生存的压力下努力往前跑，可能因此而丢掉一颗中正的心。有些家长和教师教孩子要"懂事"，要学会察言观色，为了现实的利益不仅可以妥协，甚至可以做出不义之举。家长和老师应该让学生明白，人生中总有一些东西需要向往，总有一些原则需要坚持，这样，生活目标才会更清晰，更有克服困难的意志，最后实现人生梦想，得到人生中的珍宝。

(6) 有礼貌有教养

清华大学教授、著名画家陈丹青先生写了一篇文章《日常的台湾：温良恭俭让》：

> 台湾人情好，我早就领教的，但那时定居纽约，不以为珍贵，而今居住北京近八年，忽然置身台北，可就处处看得稀罕，然而难描述。譬如"文学营"主办方的迎送招待，全程没有差错延误，没有横生枝节，大陆做不到这般周详与准确。又譬如宾馆服务敬业到令你诧怪，每个服务生会一再提醒你有访客的留言，额外的请求俱可商量，交代的小事，绝对准时照办；去隔壁连锁店买个卤蛋，摸出一把硬币，掌柜的看我裤袋里零钱太重，不吱声，迅速数过，换给你整数纸币；在故宫买画册，台币不够，人民币能用吗？——台北尚未如香港那样通用人民币，营业员稍有迟疑，进去问过，欢天喜地回说可以，倒好像是她的麻烦解决了，比我还要宽慰……礼貌、笑容、抱歉、连声谢谢，都不在话下，办各种琐事，没一次落空、尴尬、被拒绝。我本能预备遭遇粗暴的态度，冷漠的脸，僵硬荒谬的机制，穷凶极恶的生意经，还有，在零星小节上的不专业，不认真，权责不清，或心不在焉——那是我在北京随时随地的日常经验。走在这样的人丛中，我发现只有我自己时或粗心、急躁，在绿灯闪亮前跨越横道线，因为我已像久在此岸的人一样，惯于粗粝的生活，嫌种种礼数与自我克制，太麻烦。
>
> 连日会面的新朋旧友则另是一番温良与教养：非常地想要见见，但必定问清你的安排，不使勉强或为难；席间随口应许的事，我倒忘了，不在意，翌日却已悄然办妥，如变戏法一般；谈话间难免涉及人事作品的议论，抑扬有度，不夸张，不渲染，总留三分余地，说是世故，却世故得自然而斯文，一点不是勉强，显然从来如此。通常，台湾对此岸的客人大抵格外地客气，格外热忱，我的留心观察却并非人家怎样待我，而是人家怎样对待彼此，这一看，我随时随处目击的人情，实在并非假装——集体性的温良恭俭让，装不出来，也装不像，我所以觉得以上种种情状难以举证描述，并非指社会的精英，而是在街市随处遇见的人。

（《南方周末》，2008年9月）

这篇文章让我们体会到陈丹青笔下台湾人的"温良恭俭让",其中最核心的品质就是有礼貌、有教养。有礼貌、有教养是尊重他人的要求,更是一个人有自尊心的表现。

长春电影制片厂1956年摄制的黑白影片《不拘小节的人》,讽刺作家李少白擅长在作品中讽刺挖苦别人,而自己却是个不讲公共道德、"不拘小节"的人。他应邀去某市作报告,虽以文人雅士自居,却做了一系列不文明的事:坐火车占两个人的位置、吃水果乱扔果皮、游湖逛公园摘折花木、在游廊上刻字、在图书馆抽烟以致将珍贵书籍烧损、看戏时大声批讲。拍摄此剧的目的是为了教育人们,希望每个人成为有礼貌、有教养的人。可惜的是,50多年过去了,"李少白们"又出现在了2010年的上海世博会上。从网上的图片可以看到,这些人攀爬场馆的外墙、占用给残障人士使用的轮椅、排队加塞、乱扔垃圾、在墙上刻字、不按规定出入、在演出场馆脱鞋并踩在前排座椅靠背上……

在美国的一个公园里有一个石碑,上面刻的是"Freedom is not free",意思是"要想获得自由就得有所约束"。红灯停绿灯行、公共场合禁烟、在飞机上不得使用手机等等,我们生活中充满了各种各样的规则,正是这些规则保证我们每一个人安全、有秩序、舒心地生活。

3. 怎样养成良好的品行

品行是如何形成的,是天生的还是后天培养的?人之初,性本善还是性本恶?这是一个已经辩论了千年而没有结论并且会一直争论下去的问题。但能确定的是,品行的形成是一个体验和学习的过程,一个人的个性、品行会受到环境的影响,需要经历一个成长和变化的过程。个体在幼年时未能养成良好的行为习惯,接受相应的教育和约束,一旦成年后再想要发生改变就相当困难了。

环境对学生品行的影响最重要的体现就是榜样的作用。俞敏洪在博客中曾谈到父母对他的影响:

> 品行的树立来自榜样的力量,父母作为孩子的榜样是不能逃避的。我的父母对我起到非常重要的作用。我的父母是不认字的,但是父母身

上的优点我耳濡目染，成为我做人的准则。

我母亲是一个特别喜欢帮助别人的人。有一次下暴雨，我母亲带着我姐姐、我、我父亲，我们一家四口人一起把邻居家的稻谷全都收回去了，等到要收我们家的稻谷时发现已经被淋湿了。当时我很不理解，母亲就给我讲，别人有困难的时候你就要去帮助人家，他们家里没有人，如果我们不帮他们收，他们家一年的粮食就会淋湿。第二件事情，有一年粮食歉收，我们家就剩下不到 20 斤的粮食，母亲居然分出一半粮食送到邻居家，当时我很不愿意，而母亲却说："我们家人少，还可以用菜掺着米吃，邻居家人多又没有米，不分给他们米会有人饿死的。"

我父亲是个木工，是架大梁的，他是我们那方圆 15 里的专家。我父亲是一个一高兴就可以不要工钱的人，因为往家拿不回钱，我母亲就跟我父亲打架，我父亲长得很壮，我母亲很瘦小，结果每次都是我母亲打我父亲，父亲从来不还手。我从父亲那里学到，不管别人说什么，他都特别的无所谓，任何时候都不伤害我的母亲。我母亲属于个性特别刚强的人，有时候说的话我听着都挺难受，但我父亲从来没有还过嘴。所以呢，我老婆怎么训我，我都是不回嘴的，我觉得我应该向父亲学习。

我们大人有的时候喜欢在背后说邻居和同事的坏话，我跟我老婆就出现过这样的情况，我们议论东家长西家短，哪个人品行好，哪个人品行不好，哪个人小气，哪个人不小气。结果有一次我女儿从学校回来，跟我讲她们班哪个同学好，哪个同学不好，哪个同学小气，哪个同学势利眼。我跟女儿说不能说同学的坏话，同学天天跟你在一起，她们身上如果有你认为的缺点，你放在心里，更重要的是你要学习同学们的优点。我女儿立刻反问一句："你跟妈妈在一起的时候，不也议论很多叔叔阿姨吗？"一句话让我无言以对。从此以后我就跟老婆定了一个规矩，在孩子面前不能议论别人的缺点，一定要说对方的好话。

在这个案例中，俞敏洪父亲的宽容厚道，母亲的善良、热心肠，都为俞敏洪树立了鲜明的榜样。而俞敏洪作为父亲也意识到了为自己的女儿做榜样的重要性。因此，家长和教师也需要在品行方面不断学习，不断改进和完善，这对学生良好品行的养成至关重要。

著名的心理学家班杜拉提出了观察学习（亦称替代强化）理论。该理论指一个人通过观察他人的行为及其结果而产生某些行为反应，或某种行为得到矫正。一个经典的关于观察学习的实验是：把儿童分为三组，观看一段攻击行为的录像。录像的结尾，第一组儿童看到攻击行为的个体受到奖励，第二组儿童看到攻击行为的个体受到惩罚，第三组儿童看到攻击行为的个体既没有受到惩罚，也没有受到奖励。接下来，给儿童提供一个表现攻击行为的环境，观察三组儿童的表现。实验结果同人们预期的那样，看到攻击行为的个体受到惩罚的那一组儿童表现出最少的攻击行为。

观察学习理论提示我们，榜样的行为对孩子有重要影响，这就是俗语所说的"有样学样"。另一方面，教师、父母对某些行为的反应对学生品行的养成也很关键。例如，父母在公交车上看到有年轻人给老人让座，对此行为表示肯定和赞赏，孩子就会受到"替代强化"，以后遇到相似的情境就更有可能表现出被父母肯定的行为。同样，如果教师在课堂上以图片、录像的形式呈现虐待小动物的人和行为，并对此提出严厉批评，即使学生没有类似行为，他们也会受到教育。因此，生活中的点点滴滴都有可能成为学生良好品行养成的素材。教师和家长也要意识到，由于自己的价值观和对事情的判断都有可能对学生产生直接的影响，因此一定要谨言慎行。

最后，我和大家分享《傅雷家书》中傅雷给儿子的一段话：

> 要是你看我的信，总觉得有教训意味，仿佛父亲老做牧师似的；或者我的一套言论，你从小听得太熟，耳朵起了茧；那末希望你从感情出发，体会我的苦心；同时更要想到：只要是真理，是真切的教训，不管出之于父母或朋友之口，出之于熟人生人，都得接受。别因为是听腻了的，无动于衷，当作耳边风！你别忘了：你从小到现在的家庭背景，不但在中国独一无二，便是在世界上也很少很少。哪个人教育一个年轻的艺术学生，除了艺术以外，再加上这么多的道德的？我完全信任你，我多少年来播的种子，必有一日在你身上开花结果——我指的是一个德艺俱备，人格卓越的艺术家！

这段话感人至深，傅雷对儿子的深情和期望寓于其中，他不仅关注孩子的艺术成就，更关注孩子的人品修养。在孩子的品行培养方面投入多少精力都是值得的，成就一个善良、宽容、谦逊、真诚、中正、有礼貌有教养的人是多么令人期待的教育成就！

　　这一章讲的是如何"做人"，下一章谈一谈如何"做事"。

教育教学启示

1. 品行的培养应渗透在教育教学中的各个环节，要在认知、情感、行为等三个方面培养学生的品行。在认知方面了解善恶与对错；在情感方面亲近、认可、向往良好的品行；在行为方面恪守道德准则。

2. 良好的品行包括善良、宽容、谦逊、真诚、中正、有礼貌有教养等六个方面。善良包含同情和悲悯、友好与利他两个核心成分。宽容体现在两个方面，一是思想上的兼容并包，二是行为上的宽厚与容忍。谦逊是指谦虚内敛，不自大，不虚夸，多看别人的长处。真诚是指真实诚恳地对待他人，也真实诚恳地对待自己。中正是指内心秉持正确的信念和价值观，能够坚持原则，行事端正，执著坚持。有礼貌有教养既是尊重他人，也是自尊的表现。

3. 教师和家长也需要在品行方面不断提高和完善自己，为学生做出榜样。此外，教师和家长要抓住"观察学习"的机会，将生活中的点点滴滴作为学生养成良好品行的素材。

习惯可以决定命运吗
——良好的学习与行为习惯

> 小华的妈妈坐在沙发上织毛衣，目的是盯着小华学习。按照妈妈的说法，小华的屁股上像是长了刺，一会儿要喝水，一会儿要上厕所，一会儿喊作业太多，一会儿喊作业太难，作业马马虎虎，错误百出。看着小华学习，妈妈真觉得胸闷气短，难受得很，可不盯着小华更不行。小华的妈妈曾带他去医院筛查过是否有多动症，可结果是没有。是啊，看动画片、玩游戏，小华能一动不动坐上一个多小时呢。小华的妈妈也跟老师咨询过，老师说小华的学习习惯不好。可是，到底是哪些习惯不好呢？又应该怎么培养良好的学习习惯呢？

上一章分析的是如何培养学生"做人"——良好的品行，下面将从心理学的角度分析如何培养学生"做事"——良好的学习与行为习惯。

良好的学习与行为习惯有多重要？世界上的名人这样看待习惯：

> 不良的习惯会随时阻碍你走向成名、成功和快乐的路上去。——莎士比亚
>
> 习惯真是一种顽强而巨大的力量,它可以主宰人的一生。——培根
>
> 一盎司习惯抵得上一磅智慧。——托·布·里德
>
> 播种行为,可以收获习惯;播种习惯,可以收获性格;播种性格,可以收获命运。——萨克雷

有一次我参加研究生面试,一个男生的初试分数还不错,面试后这个专业方向的两位老师都没有选择这个学生,该生最终失去了读研的机会。两位老师在面试后的交谈中提到了这个学生,一位老师说他早上到单位的路上,前面一个男生"啪"地一口痰吐在地上,让这位老师觉得非常厌恶,面试时发现坐在面前的就是路上吐痰的男生;另一位老师说在等待面试时,一个怀孕的女生站着,可面试的这个男生坐着看书,丝毫没想到要给旁边的孕妇让座。非常不巧,这两件事情正好发生在这样的时间、这样的地点,给两位老师留下了很不好的印象。这样看来,有时一个人的行为习惯还真是决定命运啊!

俗语说:"三岁看大,七岁看老。"一个人在幼年及青少年阶段形成的品质和习惯对其一生都有深刻的影响。学生在校学习的过程也是一个习惯养成的过程,在学校养成和获得的好习惯,能够成为一种"惯性"驱动学生将来更顺利、更高效地学习与生活。因此,教师和父母应当重视学生良好的学习与行为习惯的养成。学生在学校的主要任务是学习,下面我们以学习习惯为核心,从心理学的角度来分析,哪些学习和行为习惯是非常重要而值得培养的。

1. 六个良好的学习与行为习惯

(1) 认真

曾任《人民文学》副主编的肖复兴先生有一篇文章——《那片绿绿的爬山虎》——被选入小学语文课本,其中有一个片段令人印象深刻:

1963年，我上初三，写了一篇作文叫《一张画像》，是写教我平面几何的一位老师。他教课很有趣，为人也很有趣，致使这篇作文写得也自以为很有趣。经我的语文老师推荐，这篇作文竟在北京市少年儿童征文比赛中获奖。当然，我挺高兴。一天，语文老师拿来厚厚一个大本子对我说："你的作文要印成书了，你知道是谁替你修改的吗？"我睁大眼睛，有些莫名其妙。"是叶圣陶先生！"老师将那大本子递给我，又说："你看看叶先生修改得多么仔细，你可以从中学到不少东西！"

我打开本子一看，里面有这次征文比赛获奖的20篇作文。我翻到我的那篇作文，一下子愣住了：首先映入眼帘的是红色的修改符号和改动后增添的小字，密密麻麻，几页纸上到处是红色的圈、钩或直线、曲线。那篇作文简直像是动过大手术鲜血淋漓又绑上绷带的人一样。

回到家，我仔细看了几遍叶老先生对我作文的修改。题目《一张画像》改成《一幅画像》，我立刻感到用字的准确性。类似这样的地方修改得很多，长句子断成短句的地方也不少。有一处，我记得十分清楚："怎么你把包几何课本的书皮去掉了呢？"叶老先生改成："怎么你把几何课本的包书纸去掉了呢？"删掉原句中"包"这个动词，使句子干净了也规范了。而"书皮"改成了"包书纸"更确切，因为书皮可以认为是书的封面。我真的从中受益匪浅，隔岸观火和身临其境毕竟不一样。这不仅使我看到自己作文的种种毛病，也使我认识到文学事业的艰巨：不下大力气，不一丝不苟，是难成大气的。

通过这篇文章，叶圣陶先生给我们留下最深刻的印象就是"认真"。世上的任何事情要想做好就必须认真。我现在给北京师范大学的学生上教育心理学课，每次课后都会布置作业，由一组学生写作业，下节课之前交。读者们可以看到本书中的许多案例就是学生作业的片段，从中我们能感觉到他们的认真和付出的努力。有些学生同一份作业要交2次甚至3次，在内容和形式上都力求完美。这些学生能够考上中国优秀的大学，在相当程度上是因为他们的认真和勤奋，而这一旦成为"习惯"，就会成为支持他们未来可持续发展的重要力量。那么如何培养学生认真的学习品质？

- 认真是一种精神和承诺

认真是内心的追求还是外部的要求？在外部的要求和压力下，学生有可能认真学习，但不可能持久，因为外部要求一旦放松，学生就有可能放弃，这种情况下学生实际上是在"应付"。因此，认真首先是一种精神，是内心主动的追求，是学生对学习以及对自己的承诺——更努力地学习、把事情做得更好。

认真学习需要学生付出努力，主动的追求和承诺为这种努力提供了驱动力，这在很大程度上来自对学习的责任感。为此，父母和教师要注意培养学生的责任感，对人对事建立一种负责任的态度——做一件事就要做好，不能轻易放弃或妥协。学生的认真态度开始可能来自父母、教师的要求，一旦学生将其"内化"并成为内心的追求，就会成为学生认真做事的驱动力。

- 认真源自高标准和对细节的追求

我有一个用了 16 年、至今仍在我的办公室正常使用的组合音响。有时看着这台音响，我心里会想，是谁制造了它？制造者是否想到因为自己的认真而让这台产品被享用了这么长时间？这是一件"认真"的产品！它体现了制造者秉持的"高标准"——将事情尽自己所能做得更好——在产品的设计、生产、调试、运输、贩卖的每一个环节都力求完善，最终将一台高质量的产品送到用户手中。

对在学校学习的学生来说，也有高标准要求自己的问题。比如，对一道数学题，只是记住了它的解法还是真正理解了？还有没有其他的解法？这道题和以前做过的题是什么关系？再如，对作文来说，如果只是完成教师要求的 800 字，写出来的作文就有可能是应付的，连自己都没有兴趣再读一遍。而认真的学生就会以更高的标准要求自己：作文吸引人吗？这个案例是否合适？作文的逻辑清楚吗？用倒序的手法是否更好？这句话是否太突兀了？有了这样的高标准，学生就有可能反复修改作文，不断提高作文的质量。"细节决定成败",学生对自己的高标准要求往往体现在细节上。有些学生在学习中不求甚解,对学习的态度是"差不多就得了",这样学习的质量自然不可能达到较高的标准。

- 认真需要专注和坚持

世界上任何值得追求的、有价值的事情都不是唾手可得的,高标准需要努力才能达到。当学生在学习时抱着"没有最好,只有更好"的态度,就会不断发现问题和不足并努力改进,而这需要学生"持续付出心力",这就是专注。学生在学习过程中的专注有三项指标:付出心力的长度、强度和集中度。

学习的任务一个接一个,一环扣一环,学习本身就是一个连续、复杂而又困难的任务,要想有好的学习效果,学生必须有相当长度的心力持续投入。学习就好像农民种粮食,不花时间、不投入精力怎么可以呢?春天的时候不及时播种,夏天的时候不精心耕作,秋天怎么可能有收获呢?很多名人的佳作是数年乃至一生的成果,他们也许没有时刻坐在书桌前写作,但心里面总在思考着自己的作品。有些学生学习时碰到难题或比较重的任务会泄气或放弃,不能持续地投入心力去解决,这样就会总是徘徊在成功的边缘。

锻炼身体需要一定的强度才会有效果,一个运动员想练好一个动作需要千百次的重复。同样,从整个学习过程到具体的学习任务,都需要付出一定强度的努力才会有收获。前面的案例中叶圣陶先生为肖复兴改作文,只有认真细心的态度是不行的,还必须投入相当多的时间和精力,才能够体现认真的品质,将认真落实了。因此,学习是一定"要吃点苦的",学生在学习过程中会遭遇疲劳、困惑和挫折,一个认真的学生专注于学习时,就需要能够承受一定的学习强度。

有些学生学习时间并不短,看着学得也挺辛苦的,但学习效果却不好,这其中一个重要的原因是专注于学习的集中度不够。有些老师和家长反映学生学习的时候三心二意,"屁股上像有根刺,坐不住"。集中心力意味着将注意力和精力在一段时间内高度投射到某项学习活动上,注意是能量的调动器，在学习过程中只有注意力集中了，才能够调动心理能量完成学习任务。

教师和父母不能简单抱怨学生学习不认真，而要根据上面的分析明确学生的问题出在哪里，进而有针对性地解决这些问题。例如，学生在学习过程中注意力不够集中，可以对此进行专项训练，先给学生一个较简单的任务，要求其集中注意力完成这项任务，成功后逐渐增加任务的难度，延长需要集中注意力的时间，不断提高学生注意力集中的时间和强度。

此外，认真既是良好学习的条件，也是良好学习的结果。督促学生认真学习不能采用"管、卡、压"的方式，这样只会形成恶性循环。学生能够认真学习说明其有学习的动力，教师和家长可参考本书第一章"决定学生学习动力的因素"，其中最持久、最有效的就是对学习的兴趣和学习效能感。因此，教师和家长一定要注意引导学生发现和体验学习过程中的乐趣，让学生感受积极的学习成果，加强学习的自信心。要让学生体会到，学习很艰苦，但苦中有乐，可以苦中作乐。

（2）乐观坚韧

我的学生陈荣霞在作业中回忆了她的高三时光：

> 自从高三毕业以后，很长一段时间里我都在想自己究竟是凭着什么样的坚韧趟过那片激流，到达安全的陆地。
>
> 那些日子，我坚持五点多一点起床，用短短的十分钟收拾完，在楼梯口一边等着宿管阿姨开门，一边看着不知看了多少遍的世界历史。不远处背诵英语单词的声音总是和寂静的环境形成鲜明对比，这让我坚信，这条路上总有人和我同行。宿管阿姨可能是被这些声音吵得受不了了，拖着沉重的脚步，眯着惺忪的睡眼打开门，嘟囔一句：这么早。其实我想她是被感动了，如果我们中有一个是她的孩子，她一定会抱着他（她）大哭一场，因为我们来不及仔细梳好头发，因为我们想不起翻整衣领，一个女孩子可以邋遢成如此，不得不说，高考甚至比思想教育更具有"整风"的作用。在它的压力下，我们放弃了喜欢的漫画，剪掉了飘逸的长发，省掉了用洗面奶的过程，减少了说话的长度和频度。我们

谁都不曾提及，但是大家都在暗暗地较量，有时候会开玩笑：怎么还没有到一看到书就吐的程度啊？我们都在期盼修成正果的那一刻，像学长一样，看到书就吐，吐完再看。

竞争越来越激烈，很多走读生也开始上只为我们住校生开的第四节晚自习。每当一天过完，回到宿舍时，连说话的欲望都没有。从回宿舍到熄灯那仅有的二十分钟，我们要洗脚，洗脸，刷牙，看书。有些时候，我们连洗脸和刷牙都省了。

有时候也会懈怠，想要好好地睡一下，可是每当其他人像闹钟一样准时翻身起床时，又狠狠地将刚才的念头赶走。三两下套上衣服，边刷牙，边想着昨晚看的生词，默默地记一遍，洗脸的时候再默默地记一遍。有时，同学突然大声地说：和你说话呢，你想什么呢？我才意识到，自己走神了。

刚出宿舍楼，一股冷冷的风就灌进了衣领，我缩着脖子想要回去，却仿佛听到一个声音在大声说："往前走！！"整个校园只有食堂后面那个小灯泡亮着，我一边哈着气，一边向那儿缓缓地移动。在拐角处的时候，就听到熟悉的声音，他（她）们果然又先我一步占据了那里。差不多半个小时后，食堂开门了，我买了一个馒头带回班里边看书边吃，想着自己这个样子，真的有些心疼自己。

然而，那么努力，那么坚持，却总得不到想要的结果。有好几次，月考结束后，我都不敢告诉妈妈真相，尽管她说别太有压力，考不上的人那么多，不也都好好地生活着。可是我知道她多想我能考上大学，她总是不经意地说起邻居阿姨被称为"大学生妈"，那时她的眼里盛满羡慕。哥哥姐姐早已经离开校园，所以我理所应当是唯一的希望。我一直都知道这份压力不是妈妈给我的，而是我自己揽过来的，妈妈没有上过学，却坚持我们一定要上学，这是对我们的期望，也是对她自己的补偿，我不能放弃自己，更不能让妈妈失望。

于是我一次次重整旗鼓，在失败面前彷徨过、失落过，却从未放弃过。我始终不相信自己会考不上好大学，可能就是凭着这样的信念，我始终没有放弃。最终，我以全县第三名的成绩被录入北京师范大学。我知道，我已尽力。

"无限风光在险峰"，学习就像爬山，不付出努力和辛苦怎能爬上山巅，又怎能欣赏那些在山脚和山腰无法看到的美好风景！在山顶回首来时付出艰辛和努力的那条路，一定充满了信心和自豪感。

乐观与坚韧意味着学生能够承受压力，能够克服困难，能够在遇到挫折时鼓起勇气。这不但对于学生取得好的学习成绩很重要，而且这本身也是每个人一生都需要的优良品质。那么，如何培养学生乐观与坚韧的品质？

● **培养学生乐观的心态**

坚韧是在遇到困难和压力的时候表现出来的，此时学生的心态很重要。如果学生怀着哀苦的心态应对困难，往往不能持久，因为这种心态使得学生时时怀着逃离的心情面对困难。因此，教师和家长要培养学生"苦中作乐"的心态，将学习中的困难看作是必然而又自然的经历，与学生共同面对压力，为学生提供情感支持，放大克服困难后所获得的欢乐，体验"埋藏"在自己内心的那份勇气和力量。

心理学的研究表明，父母给孩子做出了榜样，让孩子实际观察遇到困难和挫折时该如何应对，让孩子形成安全感，这对培养孩子的乐观心态很重要。例如，一个小孩跌倒时并没有哭，可是在妈妈紧张地跑过去把他抱起来后却开始哇哇大哭，不是因为他摔疼了，是因为母亲紧张、焦虑和懊恼的表情引发了孩子恐惧的情绪。数次之后，孩子会条件反射式地将摔倒与恐惧联系起来，会形成哭泣、抱怨的应对态度和行为模式。相反，如果母亲走过去，将孩子抱起来并微笑着用轻柔的语气问："你怎么摔倒了？疼不疼？"此时很有可能孩子不仅不会哭，还会跟着母亲一起笑起来。

以下是我的一个学生回忆她高中时的班主任：

> 让我印象最深也受益最多的是我高中的班主任。他个子不算太高，长得也不是很帅，但却充满了魅力。作为我们的班主任和数学老师，其实负担挺重的，但他自有一种风流潇洒的气度盈于周身，总是从容不迫，收放自如。班上的每一个同学提起他，都是满心崇拜和喜欢。

他在面对困难和压力时的那份镇定从容和积极自信让我们印象深刻。记得有一次考试结束，我们班的成绩落后了，同学们都非常焦躁和沮丧。我到现在还记得他当时说的话："我一直是一个自信的人，而这份自信一直都来源于我的学生，因为你们是优秀的。一次考试的成绩说明不了任何问题，如果有一个人的成绩下降，可能是因为他自己不够努力或发挥不好，如果一个班的成绩都不好，特别是你们这么优秀的班，要么就是因为这次的题出得不好，要么就是老师教得不好，你们要对自己有信心！"这段话虽然不能完全消除我们的不安，但是也给了我们很大的鼓励，激发了我们的斗志，让我们振作起来投入到学习中去。

这个案例提示我们，在教学过程中，尤其是遇到困难和压力时，教师要保持乐观与沉静的心态，给学生做一个好榜样。如果教师为一些小事斤斤计较，对成绩要求苛刻，学生表现不佳就发脾气，这都会使学生将学习与消极情绪联结起来，学习中的困难和挫折就极易引起学生的沮丧和痛苦。

● 优化学生的归因方式

1972年心理学家韦纳（Weiner）提出了归因理论，归因指人们对事情成败的原因进行总结和归纳。一般说来，学生在学习过程中无论面对成功还是失败，会归为三种原因：能力、努力、运气。例如，当学生没有考好，有的学生认为是自身能力不足，天生就不是学习的料；有的学生认为是自己努力不够，没有下工夫准备；还有的学生会认为自己运气不好，没有押中试题或在考场受到了干扰。显然，不同的归因方式会影响学生的学习态度和学习策略。

比较积极的归因方式是：在学习顺利时，能看清自己的能力并感到自信，看重自己为此付出的努力，同时也承认外部客观条件的积极效应。在学习不顺利时，可以承认自己能力的不足，但不可妄自菲薄甚至自暴自弃，此时要反思自己的努力程度，相信通过努力可以提升能力并取得积极的学习效果，同时也对外部消极的环境条件有清醒的认识。有了这样的归因方式，学生才能够以乐观、坚韧的心态面对学习的压力和挑战。

总之，细水才能长流，滴水也可穿石。学习不是一蹴而就的，而是持续一生的过程，学生不但要对学习形成正确的认识，也要对自己形成正确的认识，这样才能以乐观、坚韧的姿态面对学习，面对压力和挑战。

(3) 富有好奇心

人会学习，动物也会学习，有什么差异呢？我们认为，动物的学习是本能驱动，而人的学习根本上是由好奇心驱动的。就像每个人都要吃饭一样，每个人都有好奇心，我们满足自己好奇心的过程就是学习的过程——探索、理解和解决问题。好奇心是学生学习乃至整个人生可持续发展最有效的动力，是非常珍贵的心理品质。

以下是大昆虫学家法布尔幼年时的经历：

在黑夜的树林里，有一种断断续续的叮当声大大地引起了我的注意。身边的无限美丽，若是留意它，就一定会有不小的发现。在寂静的夜里，是谁在发出这种声音？是不是巢里的小鸟在叫？还是小虫子们在开演唱会呢？

我站在那里守候了许多时候，什么也没有。后来树林中发出一个轻微的响声，仿佛是谁动了一下，接着那叮当声也消失了。第二天，第三天，我再去守候，不发现真相决不罢休。我这种不屈不挠的精神终于获得了回报。嘿！终于抓到它了，这一个音乐家已经在我的股掌之间了。它不是一只鸟，而是一只蚱蜢。这就是我守候了那么久所得到的微乎其微的回报。不过我所得意的，倒不是那两只像虾肉一样鲜美的大腿，而是我又学到了一种知识，而且，这知识是我亲自通过努力得来的。

这对幼年的法布尔来说是一个多么重大的发现，而法布尔没有将这个付出很多努力才发现的秘密告诉任何人，为什么？因为之前还发生了一件事：

我把脸转向太阳，那炫目的光辉使我心醉。我的脑海里就突然冒出一个问题：我究竟在用哪个器官来欣赏这灿烂的光辉？是嘴巴？还是眼睛？请读者千万不要见笑，这的确算得上一种科学的怀疑。我把嘴也张得大大的，又把眼睛闭起来，光明消失了；我张开眼睛闭上嘴巴，光明又出现了。这样反复试验了几次，结果都是一样。于是我的问题被我自己解决了：我确定我看太阳用的是眼睛。多么伟大的发现过程啊！这是一个多么伟大的发现啊！晚上我兴奋地把这件事告诉大家。对于我这种幼稚和天真，只有祖母慈祥地微笑着，其余的人都大笑不止。

原来法布尔没有把有关蚱蜢的"重大"发现告诉别人，是怕又像上次看太阳的事情那样遭到别人的嘲笑。法布尔感慨："所有思考者都是生下来就怀疑一切吗？——我以为是！"请老师们想象一下，如果你的班上有一个像法布尔这样的学生，他对昆虫非常感兴趣，可是学习成绩却不好，你会怎么做？

一等的策略是在保护学生好奇心和对昆虫执著热爱的基础上引导学生发现学习的乐趣，掌握学习的方法，最终提高学习成绩。二等的策略是发现提高学生学习动力很困难，最终采取顺其自然的态度，对学生研究昆虫的兴趣大力保护和支持。三等的策略是在学生的兴趣和学习之间发生矛盾时强迫学生放弃自己的兴趣，投入学习。最糟糕的策略是践踏学生的好奇心，强迫学生放弃自己的兴趣，引发学生的反抗，最终既使学生丢失了兴趣，学习也遭到失败。

好奇心和求知欲能够使学生不断进步和成长，是支持学生一生可持续发展的优质的动力，无论对学生未来的生存、智慧的发展和心灵的成长都是重要的素质和品质。保护、激发学生的好奇心是教师和家长的职责。在教育教学过程中，教师和家长要不断问自己："学生对教学内容感兴趣吗？他们有探究的欲望吗？"学生的好奇心和求知欲一旦被激发起来，学习就会变得主动、愉悦、高效。

（4）独立自主

自主学习不但对于提高学习效率和学习成绩很重要，而且是一种极为可贵的人生品质。有些家长和教师采取"管、卡、压"的方式督促学生学习，要求学生言听计从、一切按照自己的安排和命令去做，要求学生"必须"达到他们设定的目标，否则非打即骂。这样的方式不仅会引起学生的反感和抵触，更糟糕的是压抑了学生自主学习的愿望和能力。

我曾经到一个课外培训班听过课，学生坐在前面，他们的家长坐在后面。

家长都在记笔记，而且普遍比学生的态度更认真，有些家长还要在讲课的时候悄悄走到前面提醒自己的孩子认真听课，或提示他们要记笔记。课间休息时，我问家长为什么听得这么认真还要记笔记，他们说回家要给孩子再讲一遍！

可怜天下父母心！但同时我也有一种要窒息的感觉。对孩子而言，父母像是影子一样总是跟随自己，时时刻刻"掌控"他们的学习，这种感觉应该不好受吧。这些学生没有反抗很有可能是麻木了，已经渐渐丧失主动学习的意识和能力了。他们的父母贴得太近、跟得太紧、管得太多是导致这种现象的主要原因！

我的学生朱荣高三时的一段经历很有趣：

我的第一次高考失败了。眼里的泪水和额头的汗水总得选择一样。我选择了后者，我决定复读。父母并没有干涉我的选择，仍旧在背后默默支持我。回想起那段复读的日子，我想即使现在我没有在北京师范大学，我也不会感到遗憾，因为那段高中生活是我最快乐、最充实的日子，让我受益匪浅，对我来说弥足珍贵。

我很庆幸选择了一所适合我的复读学校，复读的班里一共39个同学。相对于以前80个人的教室，现在的教室让人感到宽敞和舒适。班里的同学来自十几个不同的区县，不同的性格，不同的经历，以及课间用各自方言沟通的那种活力，都让这个集体变得很吸引人。

老师也来自不同区县，不同的口音，不同的教学风格，给我们的"高四"生活也增添了不同的色彩。胖乎乎又幽默的数学老师总是在欢乐的气氛中引导我们思考、讨论；门牙和皮肤一样黝黑的地理老师总会允许我们在铃声响起后吃完了早点再开讲；我们称作"爷"的历史老师总会用最亲切的陕西话对我们说"娃呀，这背不会咋能行"；虽已四十多岁但穿着、言谈仍很时尚的英语老师总能让我们的课堂充满新鲜感；还有像妈妈一样慈爱的语文老师；连略带严厉的政治班主任老师，也会在周六晚上假装忽视我们在教室看电影。也是在这紧张的一年里，我们班同学一集不差地在班里看完了台湾偶像剧《下一站幸福》，以及许多刚上映的欧美电影。

在欢乐气氛的带动下，我们的心情也变得轻松、愉快，学习似乎也像玩儿一样有用不完的劲。课间，我们有时会在玩笑中讨论数学题，但更多时候是三三两两聚在教室外的小阳台上唱歌。早读过后老师们会带我们一起围着教学楼小跑几圈，太阳在这时刚好出来，橙黄的光伴着我们的谈笑声，那时我总感叹，此刻时间能停住该多好啊！

我常常和同学在下晚自习后绕着校园走一圈，幽静的校园里弥漫着玉兰花的香味，总能让我在一天疲惫的学习后感到平静舒适。每周日我们都有一下午时间出去"放风"，男生多数是去网吧打一会儿游戏，而女生大多会去小吃城、超市。在赶回学校时，往往夜灯初上，郊区的夜晚很宁静，也很美丽。我们在路上大声唱着歌，像呼唤偶像一样大声呼喊着我们心中大学的名字，常常会引得偶尔经过的车辆里的人伸头察看。那一年中偶尔也穿插一些小伤感、小忧虑，以及泪水汗水浸润的奋斗艰辛，但不知何故，每每回忆起来，复读那一年的快乐总是被放大，艰辛却总会减半。

在复读的日子里，我的成绩依旧起起伏伏，但我的心态却一直很平稳，即使那次因粗心填错答题卡数学考了倒数。父母从来不会主动问我成绩，我也知道他们没有奢求我考高分、考名校。这一年，我只为自己卑微的理想而拼搏，这是我一个人的战斗，但是却不是单枪匹马。老师的关注，父母的支持，以及同学间的相互鼓励都让我觉得温暖而安全。

高考成绩出来那天，班主任群发短信：全班39个同学，全部上二本线。这样的好成绩在中学是罕见的，而我们却"轻松地"实现了。其实，我们的智力很一般，我们的努力也赶不上那些刻苦的学生，我知道创造奇迹的不单单是我们的奋进，还有那轻松愉快的学习氛围，以及关爱我们、亦师亦友的教师团队。

真好！读着这样的文字，我们似乎闻到了那校园中让人平静又放松的"玉兰花的香味"！这些学生高考复读能够成功最主要的原因不是教师的教学水平有多高、学校的管理有多好、父母的管教有多严，而是这所学校及教师为学生创造了一个宽松、愉悦的环境和氛围。

老师和家长们，给学生一些空间吧，他们需要新鲜的空气和自由的呼吸，他们需要把握自己的命运，他们需要学会独立而有尊严地生活，他们需要积累人生的经验和教训，他们需要独自走路，哪怕是一段崎岖黑暗的道路！每个学生的学习和成长都是"他自己"的任务，别人无可替代，该放手的时候就要放手。这绝不是说父母和教师对学生的学习和生活不管不问，相反，教师和家长要密切关注学生的需求，为学生提供支持，但这种关注和支持不应是高高在上和强加的，而是一种"亦师亦友"的交流与互动。就像案例中朱荣的父母和老师，他们不但让学生感受到关心，更让学生感受到信任，让学生相信自己，并且有勇气自己面对压力和挑战。

（5）合作与分享

有这样一个小故事讲述了合作与分享的价值：

一群人手拿长勺围着一桶汤，因为勺柄太长而够不到自己的嘴，他们只能望汤兴叹，愁眉苦脸；另一群人也是手拿长勺围着一桶汤，虽然勺柄也长，但大家都舀起汤来喂对方，这样就都高高兴兴地喝到了汤。

美国科学家沃森和英国科学家克里克1953年4月25日和5月30日在《科学》杂志上发表论文，提出了DNA的结构及其自我复制的机制，这是人类解读遗传密码的突破性重大发现，沃森和克里克因此而获得了1962年的诺贝尔医学或生理学奖。

1951年，有三组分子生物学家为解开DNA之谜而展开研究，沃森和克里克之所以能在这场竞赛中获胜，一个重要的原因是二人坦诚相见、通力配合。另外一组研究人员是来自新西兰的生物物理学家威尔金斯和来自英国的X射线晶体照相专家弗兰克林，可惜这两位聪明的科学家并不能和睦共事。弗兰克林利用自己高超的拍照技术，清晰地排出了DNA的结构，而她的合作者未经她同意，将此照片呈现给沃森，沃森在回忆录中提到，"我惊呆了，谜团开始解开了"。沃森马上和克里克进行了深入的讨论和研究，最终提出了DNA的平行螺旋结构。

沃森和许多人说过，如果弗兰克林有一个她觉得可以无拘无束地分享各种想法的科研搭档，她也能解开 DNA 结构之谜。

沃森和克里克的真诚合作成就了他们，而为另两位科学家由于未能建立良好的合作关系，与一项划时代的科学发现擦肩而过。

合作与分享对学生的意义还不只是获得学业、事业上的成功，这种品质能够让学生有机会表达爱、接受爱，能够让学生在困难的时候得到他人的支持和帮助，能够让学生体验他人精彩的人生并获得前进的灵感和动力，同时帮助别人的人也更能体会自己的价值并建立自信。

课程改革提出了新型学习方式，包括探究、自主与合作。为什么要强调合作？在现代社会，由于工作的复杂性和专业分工精细化，使得完成任何一项工作都需要合作，因此，增强学生的合作意识与能力变得非常重要。那么，在合作时要注意什么呢？

- 合作的前提是相互的尊重和理解

合作的目标可以是完成某项任务，但合作首先是两个或多个人之间的互动，这就需要合作的各方先建立相互尊重和理解的关系。我曾经听过一节小学四年级的美术课，教师把学生分成 6 个小组，让每个小组合作画一个"巨人"。学生们展开了热烈的讨论，因为每个学生都有自己的想法。在交流的过程中，有一个女生提出了自己的想法，我听了觉得还不错，小组的其他成员没有立即同意这个想法，仍在七嘴八舌地讨论着，这个女生就生气地离开了小组，坐在一旁赌气地拿起书看起来。我想如果按照这个女生一个人的想法完成作品并无不妥，她的想法也确实有可取之处，但完成工作并不是合作的唯一目的，甚至不是最重要的目的。让每个学生知道关于某件事情有不同的想法和立场，因此要学会倾听，学会欣赏别人的想法，要学习别人的长处和优点，并表现对他人的理解和尊重，这才体现了合作的重要意义。

教师和家长要引导学生，在合作的过程中，即使有自己不同意的、认为不正确或水平不高的想法，也要学会保留自己的意见，或以温和而有礼貌的方式提出自己的想法，注意不要伤害他人的自尊心，有时为了集体目标还要学会妥协和保留自己的想法。

合作的要义是分工、互补与分享。两个或多个人合作必然会有分工，如果这种分工能够发挥各自的特长，就起到了互补的作用。在这个过程中，合作中的每个人本质上是拿出自己的优势资源与他人分享。因此，合作的要义是分工、互补与分享，这是三位一体的，如果这三个因素配合得好，则 1 + 1 的效果一定是大于 2 的，这样的合作能使工作的速度加快，效率提高。

分工、互补与分享既需要学生有相应的愿望和意识，也需要学生掌握一定的方法和策略，这就需要教师和家长为学生搭建平台，给学生练习和实践的机会。

在合作的态度上，教师和家长要引导学生形成"分享"的意识。如有了好的学习心得，有了好的参考书，乃至对一道难题有了新的解法，都乐于与同学分享，自己的友好也一定会得到同学的回馈，如此形成良性循环，学生便能真正品尝到分享的快乐。此外，教师和家长要引导学生发现、欣赏他人的长处和优点，以一种开放的心态和同学相处，求同存异，鼓励学生与他人协作共事，或者从他人的优势之处反思自己的不足并不断改进。

学生在合作、分享的过程中，一定会面对压力、竞争和矛盾，学生正是在处理这些问题的过程中学会怎么与别人合作，怎么从合作中受益并享受合作。例如，两位同学合作一个综合实践活动项目，这个项目最终在学区获奖，而区里只能表彰一个项目的主持者，这时该怎么办？再如，有些同学在合作中对被分配的工作感到力不从心，可如果不做又会影响群体目标或被其他同学误解，这时又应该怎么办？这些问题不仅学生会遇到，我们成年人也会遇到，这些问题的解决没有标准答案，但是有一些共同的原则：公平、宽容、规则。

公平的出发点就是"己所不欲，勿施于人"。教师和家长要引导学生学会"换位思考"，多让学生问自己"如果是你的话你怎么办"。合作是一个生态系统，公平是维持这个生态系统的核心因素。学生要明白，在合作过程中如果不能公平地对待合作伙伴，即便能够赢得一时的利益，但代价将是自己的信誉，这是非常巨大乃至不可挽回的损失。

合作中还需要宽容。合作不是将一部机器中的若干个零件装配好，再通上电，就可以顺利地运行机器了，合作中的每个人有着不同的愿望、经历、背景、个性，合作的过程就是不断磨合的过程，因此宽容的态度很重要。宽容主要体现在两个方面，一是在别人做得不够好、出现错误或者冒犯自己的时候，能够体谅或原谅他；二是对不同的看法和观点，采取包容的态度，允许乃至欣赏多元观点的存在。这些在上一章有关"宽容"的个人品质中已有详细阐述。

规则在合作中是必不可少的。良好的合作需要规则。对学生来说，首先要有规则意识，即行事或与他人相处时要有意识地控制和约束自己的行为，不能自我中心，要清楚哪些事可以做，哪些事不可以做。其次，学生要有遵守规则的意志。尊重规则需要作出努力，有时还要面对压力或拒绝诱惑。无论是有人还是无人监督，根据标准与规则行事是相当高的品行与操守，而这无疑也需要相当强的意志力。制定规则、遵守规则的意识与能力需要练习，这需要教师和家长给予学生各种机会并加以引导，如让学生管理班级事务、鼓励学生自己组织活动、引导他们制定班级及活动的各种规则、帮助学生处理合作中的各种矛盾等。

（6）计划与反思

有这样一个故事：

两个同龄的年轻人同时受雇于一家店铺，拿同样的薪水。可是一段时间后，阿诺德青云直上，而布鲁诺却仍在原地踏步。终于有一天布鲁诺到老板那儿发牢骚了。老板在心里盘算着怎样向他解释清楚他和阿诺德之间的差别。

"布鲁诺先生，您现在到集市上去一下，看看今天早上有什么卖的。"布鲁诺从集市上回来向老板汇报说，今早集市上只有一个农民拉了一车土豆在卖。"有多少？"老板问。布鲁诺赶快戴上帽子又跑到集市上，然后回来告诉老板一共有40袋土豆。"价格是多少？"布鲁诺又第三次跑到集市上问来了价格。

"好吧，"老板对他说，"现在请你坐在这儿，看看别人是怎么做的。"老板给阿德诺打电话："你现在到集市上去一下，看看今天早上有什么卖的。"

阿诺德很快就从集市上回来了，向老板汇报说到现在为止只有一个农民在卖土豆，一共有40口袋，价格是多少，土豆质量很不错，他还带回来一个让老板看看。这个农民一个钟头以后还会弄来几箱西红柿，据他看价格非常公道。昨天他们铺子的西红柿卖得很快，库存已经不多了。他想这么便宜的西红柿老板肯定会要一些的，所以他不仅带回了一个西红柿做样品，而且还把那个农民也带来了，他现在正在外面等回话呢。

老板转向了布鲁诺，说："现在你肯定知道为什么阿诺德的薪水比你高了吧。"

布鲁诺和阿诺德的差距在哪里？我认为最大的差别就在于布鲁诺的计划和反思能力与阿诺德相比明显不足。对老板布置的任务，布鲁诺缺乏主动规划，目标不清晰，行动过程中缺乏反思，不能及时调整行动策略，属于典型的"拨拨转转"的类型；而阿诺德在接到工作任务后确定了明确的行动目标，详细规划了行动方案，以富有想象力和创造性的方式完成了任务。

学生在学习过程中同样需要计划和反思。计划和反思是一种良好的学习习惯，对学生在校期间取得好成绩很重要。

我的一个学生在作业中提到：

QQ是我的初中同学，学习成绩非常好，从初二开始在各种考试中一直稳居年级第一名，最后的几次全市联考和中招考试都是全市第一名。QQ最初令我印象深刻的是她的数学作业本。不是因为她的解题方法多么新颖，也不是她做题的正确率有多高，而是她的作业的"精致"让我至今难忘。她的一手楷书字体，大小适中，整洁大气，立刻让人眼前一亮。细看下来还会发现，每道题目的思路都清晰明了，而且还用了不止一种方法，即使老师并没有做出这样的要求。看她的课本更是令我惊叹，黑、蓝、红三色的笔迹记录着她课前预习、课上笔记和课后反思的全部内容，每一页书上都是密密麻麻的汉字和符号，但却显得井然有序，毫无杂乱之感。她的试卷、练习册甚至草稿纸都如这般精致。

另一个学生在作业中描述了她的一个同学：

> 曾经坐在我旁边的那个瘦小的女生学习很好，每次我有不会的题都请教她。理科类的题，她不是直接给我讲，而是先看一遍我做的题，之后指出我的错误所在，再告诉我正确的解题思路和方法。所以她给我讲的每一道题我都记忆犹新。

两个案例中的学生有一个共同的特点，她们能在学习中通过总结，将解决问题的过程和方法提炼、整理出来，在学习中表现出很强的计划性和反思意识。

计划和反思的价值是什么，二者是什么关系？

高效的学习意味着"在恰当的时间以正确的方法做正确的事"，学习必须有良好的计划，包括确定学习目标、安排学习时间、明确阶段性目标、确定学习策略等。而计划的形成需要以反思为基础，即根据以往的经验、当前的情况和条件、自己的能力和目标等确定学习的最佳路径。

有些教师和家长也会让学生不停地制订学习计划，可这些计划往往是什么时间做什么事的一个时间表，这个时间表贴在学生的床头、桌前和文具盒里，可是从未进入过学生的心中。这些计划可以引导学生做事情，但学生很有可能不知道为什么要做这些。由于缺乏对学习真正的反思，无法真正明确适合自己的学习目标和学习方法，这样的计划往往流于形式。再次强调，计划是在反思的基础上，在对自己学习的优势和不足有明确分析和判断的前提下，形成适合自己的、高效的学习安排。因此，只有在提高反思意识和反思水平的基础上形成的学习计划才是有效的。

2. 如何培养孩子良好的学习与行为习惯

（1）良好的学习与行为习惯要从小培养

几年前我在英国的一个宾馆结账，一个大陆的旅游团入住登记。几个三四岁的孩子非常吵闹，引起了很多客人的侧目，可是孩子们的父母对此没有任何反应，对孩子没有任何约束。大堂茶几上的烟灰缸里是白色的细沙，几个孩子把它当玩具，不仅把细沙下面的烟头抠出来，还把细沙洒得到处都是。此时饭店的工作人员与旅游团的领队交涉，请孩子的父母控制一下自己的孩子。当领队用中文向孩子的父母说明此意时，几个母亲竟然当场跳脚，大声嚷嚷，大意是他们还是孩子，孩子就是顽皮的，这是孩子的天性，东西弄乱了，饭店的服务员就应当去收拾！大部分西方人虽然听不懂妈妈们在嚷什么，却都被惊呆了。

我当时真的想问问这些母亲们，你们认为你们的孩子到多大年龄才可以开始学习规矩和礼仪呢？当前这些消极行为一旦成为积习，你们的孩子还有多大的机会在将来能够改正，他们还有多大的机会成为一个行为举止得体的人？

有些父母认为"小孩子不懂事，大了自然就好了"，而心理学的研究却表明，如果孩子在小时候没有受到恰当的约束和训练，一旦变成习惯就会相当难以改变。

一个生活在日本的中国母亲在网上发表了她的孩子在日本幼儿园的经历（http：//bbs.shzhidao.cn/thread-142925-1-1.html）。

早晚接送孩子的时候，看到其他日本家长，无论是爸爸、妈妈，还是爷爷、奶奶，手里一律空着，那些花朵们肩背手拿着两三个大包外加书包，而且还都跑得飞快。我们呢，自然还是咱国内的传统，孩子空手，我拿包。过了两天，老师就来和我聊天了："田田妈，他在学校可是什么都自己做啊……"这是委婉的提醒，老师对我的行为提出异议了，从此就只好让田田自己拿了。

田田在菊花班的时候，看她换衣服实在慢，我就不免代劳。但是不久就发现日本的妈妈们都是站在一旁看着孩子，从不伸手帮忙。我慢慢体会到，在日本幼儿园通过每天的穿衣换衣，让孩子练习独立生活的能力。每天到校后，换衣服、放联系手册、自己贴当日的活动安排、挂手绢等从两三岁就开始训练，这使孩子们养成有条不紊做事的习惯。

日本幼儿园的孩子，冬天无论多么冷，都穿非常短的短裤上学。刚去的时候，北京的爷爷奶奶非常担心，说一定要和老师商量一下，因为我们是中国的孩子，受不了这个冻。这让我怎么说得出口！没法子，只好入乡随俗，狠下心来。不用说，刚入园那时候，三天两头就得病，但看看一个个像小炮弹一样冲到我面前说"你好"的日本孩子那个结实劲儿，我觉得田田也一定能够扛过去。

日本的幼儿园，很多老师怀里都抱着个小小孩，看上去也就几个月大吧，一问，是0岁。这些0岁的毛毛，不光入托了，而且还要参加幼儿园的一切大型活动，比方运动会、演出发表会等。看这些0岁的毛毛哭着拼命向前爬，还是有点打动人的力量的。

日本的幼儿园似乎完全不重视孩子们的知识教育，孩子们没有课本，只有每月一册的绘本。学校的教学计划中，完全没有数学、假名、绘画、音乐这些项目，更别说英语、奥数了。也不学轮滑，也不教游泳。问教什么，答案永远也想不到——"教孩子们学会笑眯眯！"在日本，无论走到哪里，无论和谁讲话，"笑眯眯"最重要，一个笑眯眯的女孩子最漂亮。还教什么？教"学会说谢谢"。

日本幼儿园的孩子从0岁起就被培养坚强、认真、独立、礼貌等各方面的品质，这对孩子良好行为习惯的培养实在是抓得准、抓得早。

（2）良好学习与行为习惯的培养要靠日常生活中的点点滴滴

我在一个公园和家人休息的时候，来了一群小学生以及他们的老师和家长，每个孩子都带着一个哨子，一到公园他们就四散奔跑，大喊大叫，吹着哨子，发出尖厉的声音。周围的游人纷纷起身躲避，宁静美丽的公园顿时变得乌烟瘴气。我注意看了一下他们的校服，竟然是北京某个顶级小学的学生。太令人遗憾了，没有一个家长和父母对孩子进行规劝和引导，他们都没有意识到这些孩子的行为给周围的人造成了不悦和麻烦。某种意义上，他们丧失了一个对孩子的行为习惯进行培养与矫正的好机会。

有一次在飞机上，我前排的一对美国夫妇带着两个10岁左右的中国男孩（双胞胎）。这两个男孩显然是第一次坐飞机，大声喧哗，将前排的椅背翻下来又折上去。当孩子大声说话时，母亲就会微笑着，看着孩子的眼睛对他很小声地说："be quiet, baby. It is intresting, right? What do you want?"（安静一点，宝贝。这很有趣，是吗？你想要什么？）这样的提示在两个小时的飞行过程中不下三十次。父母亲在日常生活中对孩子的行为细节持续不断地进行引导和约束，这对于良好习惯的养成无疑是非常重要的。

（3）良好学习与行为习惯的培养要运用多种方法、经历不同的阶段

在《第56号教室的奇迹》（艾斯奎斯著，卞娜娜译，中国城市出版社2009年）一书中，美国明星教师艾斯奎斯提出了"道德发展六阶段"理论，我认为该理论同样适用于培养孩子良好的行为习惯。

第1阶段：不想惹麻烦——靠惩罚起作用。对学生消极的、需要抑制的行为表示反对，有时可能还需要惩罚，这有助于引导学生形成良好的行为习惯。不过惩罚要慎用，可能存在副作用，需遵循一定的原则，掌握一定的方法和技巧，这将在后面章节进行详细论述。

第2阶段：要奖赏——靠奖赏起作用。对良好的、积极的行为表示赞赏和鼓励，强化孩子的积极行为或提高其发生的频率。怎样才是有效的奖赏？这同样将在后面的章节进行更为详细的分析。

第3阶段，取悦于某个人——靠魅力起作用。如前所述，无论是对于品行还是行为习惯，榜样的作用都非常关键。什么样的人能起到榜样作用？年长的人、熟悉的人或有权威的人并不一定能够成为榜样，那些对孩子真正有影响力、有魅力的人才是榜样。这提醒教师和家长，要时时体察自己的行为，使自己成为一个有魅力的人，让孩子愿意为自己喜欢的人约束和改变自己。

第4阶段，遵守规则——靠自律起作用。前三个阶段改变孩子的行为都是"外力"在起作用，从这个阶段开始，孩子根据规则的要求形成自律的意识和能力，因此做出的行动、付出的努力将更加稳定和持久——无论有没有监督、无论有没有奖惩，他们都将按照规则行事。

第5阶段，体贴人——靠仁爱之心起作用。在这个阶段，孩子表现出良好行为多了一个重要的驱动力——考虑自己的行为对周围的人的影响。此时即使没有规则的约束，孩子因为考虑他人的利益和福祉而自动表现出良好的

行为，孩子的行为将更加内化，既稳定又有灵活性。

第6阶段，奉行内心的准则——靠心灵起作用。此阶段个体的行为规范完全内化，变得相当成熟和稳定，他们不但能够遵守规则，还能够创造规则。他们开始根据自己的理解形成一套清晰、稳定的价值系统，并据此约束、调节自己的行为。此阶段的行为不但稳定，还很坚韧，个体能够为践行自己的价值观而面对压力和矛盾。

随着从低到高的阶段，学生的行为习惯不断完善和稳定。处于不同阶段的学生有不同的需求，其行为习惯有不同的表现，培养学生良好的行为习惯也有不同的目标、策略和方法。

最后，对学习与行为习惯的培养，父母和老师一定要以身作则，这一点在上一章已有论述，在此不再赘述。至此，我们已经对学习动力及其影响因素、学习目标及个体差异、学生应具备的素质等方面进行了探讨。下一章我们将关注在课堂之外，如何给学生搭建一个提高能力和发展素质的平台。

教育教学启示

1. 认真是一种精神和承诺，源自高标准和对细节的追求，需要专注和坚持。教师和家长要注意引导学生将认真内化为内心的追求，做人做事都以高标准要求自己，做事力求完善，关注细节。
2. 培养学生的坚韧与乐观有两个方面很重要，一是培养学生乐观的心态，二是优化学生的归因方式。
3. 学生的好奇心和求知欲一旦被激发起来，学习就会变得主动、愉悦、高效。保护、激发学生的好奇心是教师和家长的职责。
4. 教师和家长要培养学生独立自主的精神。每个学生的学习和成长都是"他自己"的任务，别人无可替代。贴得太近、跟得太紧、管得太多会导致学生失去自主发展的愿望和能力。教师和家长应以"亦师亦友"的态度和学生交流或提出建议。
5. 合作的前提是相互的尊重和理解，合作的要义是分工、互补与分享。教师和家长要培养学生形成分享的意识以及宽容的心态，引导学生正确处理合作过程中的压力、竞争和矛盾，培养学生具有制定规则、遵守规则的意识和能力。

6. 高效的学习意味着"在恰当的时间以正确的方法做正确的事"，这就需要学生在反思的基础上有效规划自己的学习。

7. 良好的学习与行为习惯要从小培养，从生活细节入手。行为习惯的养成要经历不同的阶段，相应地，教师和父母也应运用不同的方法。

要不要给孩子报课外班

——读书、体验和实践

> 小帅上四年级了，是一个很聪明又懂事的孩子，学习成绩在学校属于中等。小帅的妈妈现在遇到了一个棘手的问题——要不要给孩子报课外补习班。小帅的同学有的从一年级开始就上课外班，英语、奥数、作文等，现在临近小升初，大部分同学都上了各种课外班。妈妈知道小帅不喜欢上课外班，可如果不上的话，不但小升初时成绩会受影响，将来上了初中也可能会跟不上。此外，如果不上课外班，小帅课余时间该干些什么呢？

学生的发展需要适宜的条件和良好的环境，什么样的条件和环境有利于促进学生的发展和成长？下面我们看一下获得诺贝尔奖的美国物理学家费曼小时候生活、学习的环境，以及他在中小学期间喜欢干些什么，这对于他的成长和发展来说有什么样的价值。

我十一二岁时，就在家里设立了自己的实验室。实验室的设备很简单：在一个旧木箱内装上间隔，外加一个电热盘，其他的设备还包括一个蓄电池、一个灯座等。灯座是自制的。我跑到平价商店买了一些插座，钉在一块木板上，再用电线把它们连接起来。我早就晓得靠着并联或串联等不同连接方式，你可以让每个灯泡分到不同的电压。当灯泡全部串联在一起时，它们会慢慢地亮起来，那种情形美极了！

我在线路中安装了一个保险丝，以备如果有什么东西短路，顶多把保险丝烧断。我的保险丝只不过是在一个烧断的旧保险丝上，用锡箔纸把断处包接起来。我又在这个自制的保险丝上外接了一个5瓦的小灯泡，当保险丝烧断时，电流就转移到小灯泡上，把它点亮。我把小灯泡装在电键板上，在它前面放了一张咖啡色的糖果包装纸，当背后有亮光时，包装纸看起来是红色的。因此如果出了什么状况，我只需看看电键板，便会看到一大团红光，表示保险丝烧断了。对我而言，那真是妙趣无穷！

我造了一个防盗铃。其实它的结构很简单：我只不过用电线把一只电铃和蓄电池接起来而已。如果有人把我的房门推开，房门会把电线开关推到蓄电池上，把线路接上，电铃便响起来。一天夜里，爸妈很晚才回家。为了不吵醒我，他们小心翼翼地打开我的房门，想走进来替我把耳机拿下。突然之间铃声大作，我高兴得从床上跳起来大叫："成功了！成功了！"

我经常在慈善游园会上买一些收音机。我没有多少钱，好在它们也不贵，这通常都是人家捐出来的破旧收音机，我买来之后，就设法把它们修好。收音机的损坏原因往往很简单，像电线没接好、某个线圈损毁了或没有绕牢等，因此有些一修就灵。有一个晚上，我在其中一部修好的收音机上，居然收到远在德州瓦哥市（Waco）的WACO电台播音。那一刻，真是有说不出的兴奋！

面对谜题时，我有一股不服输的劲儿，这是为什么后来我会想把玛雅象形文字翻译成现代文字或者是碰到保险箱就想办法打开它。记得在高中时，每天早上总有人拿些几何或高等数学的题目来考我，而我是不解开那些谜题便不罢休的。通常我都要花上一二十分钟才找出答案，然后在同一天内其他人也会问我同样的问题，那时我就可以不假思索便告诉他们答案。因此我在替第一个人解题时花掉20分钟，可是同时却有5个人以为我是超级天才！

中学时代还有一个叫作"代数队"的团体，队里有5名学生，经常跟别的学校比赛。比赛方式是大家一字排开，坐在两排椅子上，主持比赛的老师抽出装着题目的信封，信封上面写着"45秒"等等。她打开信封，把题目抄到黑板上，说："开始！"因此实际上我们可以用来解题的时间多过45秒，因为她一边写你便可以一边想答案了。可以肯定的是，那些题目都不是用传统套公式的方法便可以解决的，你必须想："可不可能单用'看'便找到答案？"有些时候真的一眼便看出来答案是多少，有时却必须发明一些新方法，然后拼命计算，找出答案。这是绝佳的训练，我也愈来愈精于此道，最后还当上队长。学会如何快速解代数，对我后来念大学甚有助益。例如，当我们碰到微积分的题目时，我便很快看出题目的方向，而且很快地把答案算出来——真的很快。

费曼业余时间在干什么呢？他在学习！学习？学习不是坐在教室里听讲吗？学习不是课后做作业吗？他干的这些事情是学习吗？注意，这里说的"学习"是广义的学习，按照心理学的定义，"学习是个体由于练习或反复经历而产生的行为、能力或倾向上的比较持久的变化及其过程"。只要一个人在观察、体验、思考，并且因为这样的心理活动而使自己的知识结构和经验发生变化，他就是在学习。

我们的学生坐在课堂里听讲是学习，非洲草原的孩子跟着父母捕捉猎物也是学习！学习的天地真是太广阔了，从时间的维度看，生命不息，学习不止；从空间的维度看，我们所处的世界的每一个方寸之间都提供了学习的空间和素材。因此，费曼业余时间干的这些事情确实是学习，而且是非常有意义、非常高效的学习，对费曼来说其意义不亚于在学校所接受的教育，并对他后来的成长和发展至关重要。

费曼业余时间做数学题，我们的很多学生也在课内课外做数学题，有什么不一样吗？我想最大的不同就在于费曼是怀着兴趣、带着好奇心做题，这给他带来了欣喜和成就感，而我们的很多学生一边努力地做题，一边诅咒做题。因此，我们要好好地想一想，怎么引导学生度过他们的课余时间，怎样的活动既让学生获得积极的成长，又让学生乐此不疲？

由于每个人的天赋不一样，所处的环境和文化氛围也有差异，因此不能要求所有学生的课外时间都像费曼一样度过。但是，安排学生的课外活动有一个总的原则：客观上，要有意义，要对学生身心的成长和发展有利；主观上，学生要自觉自愿，要喜欢乃至热爱。

明朝大文人董其昌在《画禅室随笔——卷二》中说，"读万卷书，行万里路，胸中脱去尘浊，自然丘壑内营，立成鄄鄂"。读万卷书，行万里路，这不但对一个人的艺术造诣很重要，对整个的人生成长都很重要。在此我再增加一条——"做万般事"。这三个方面对学生的发展和成长很重要，也体现了心理学的规律。

1. 读万卷书

父母和教师一定要让学生多读书，读好书。

世界上没有哪一件事情比读好书促进学生发展的价值更大。书是人类智慧文化的结晶，好书的作者将其人生经验和思考写成书，读书的过程就是和作者对话的过程。通过读书，学生不仅能够获得大量的知识，能够体会作者的好恶和价值观并受到熏陶，还能够了解作者的思维和表达方法，学习作者的写作技巧，这在无形中提高了学生的思维能力与表达水平。

我的学生梁妍在作业中写了她小时候的一段往事。

> 从我还不太记事的时候起，母亲就开始给我买一本叫《米老鼠》的杂志，里面都是一些迪斯尼的漫画。小时候我总缠着母亲讲故事，

而她对此并不擅长，就干脆买来给我念。那时我还不识字，和妈妈一起看书，听她读故事，不知不觉我就这么开始学认字了。这份杂志她从我学龄前一直买到了小学快毕业。有一天母亲和我商量，说能不能不再看《米老鼠》了，这本杂志从最初的月刊，每本2块8，已经变成了半月刊，且涨价到了每本7块8，在那个年代，母亲有点扛不住了。那个时候我才知道她居然花这么多钱给我买书看，我答应了。但已经养成看书习惯的我无聊的时候就喜欢翻书看，在我后来的成长中，我几乎永远是同龄人中看电视最少的一个。直到今天，无聊了，我还是愿意翻一翻手边的书。

后来，总有些管不住孩子的家长问我妈妈为什么我那么爱看书，而自己的孩子却每天抱着电视不撒手。母亲和我都不知道这是怎么回事，还以为是天性。可是直到今天我写这份作业才发现，这个好习惯的养成应该得益于母亲那时每个月15块6的"巨额投资"。

下面是被称为"新东方最牛的英语教师"罗永浩小时候的经历：

我比同龄的大部分学生看书要早一些。只看小人书的学生们，习惯把没有图片全是文字的书籍叫作"大书"。到我上小学的时候，已经看过很多本"大书"了。我发现这能让我在学校里获得很多意外的满足感，比如女同学敬佩的目光，还常常伴随着悦耳的感慨："罗永浩，你懂得可真多啊！"这种和阅读本身带来的快乐同样强大的力量，驱使我读书读得更勤了。

因为买不起太多的书，我把家里能看的旧书都看完了之后，经常到父亲工作的县委机关图书室去借书看。没过多久，县委机关的图书室里我有兴趣看的书就所剩无几了。因为和龙县公共图书馆的一位负责人是父亲的旧识，所以父亲就让我去县图书馆找他借书看。去了几次之后的那个暑假，父亲的那个朋友让工作人员以后直接放我进书库自己挑选书籍。盛夏时节，一个人在巨大、阴凉的书库里自由自在地徜徉翻看，是我童年时期最幸福的几个回忆之一。

（罗永浩著：《我的奋斗》，云南人民出版社2010年）

罗永浩当时读的都是什么书呢——《杨家将》、《兴唐传》、《封神榜》、《三侠五义》、《大明英烈传》等等。这些书和考试没什么直接关系，但谁能否认大量的阅读对一个人的素质发展很重要。

对学生来说，什么样的书是好书？好书应该具有以下四个特点，一是有趣，符合孩子的趣味；二是优美，体现文字的魅力；三是有思想，学生读了能有收获；四是符合孩子的思维水平。这就好像好的食物应当是色泽、味道、营养兼具。需要指出的是，这四个标准是对学生来说的，家长和教师不能用自己的标准和趣味替孩子做决定。当然，家长和教师可以也应当对学生进行引导，不断提高学生的阅读水平和阅读趣味。

下面是《新语文读本》（钱理群主编，广西师大出版社 2001 年）中的几篇文章，是给一年级的小孩子读的，我认为这些文章完全符合上述四个要求。

倒影
谢尔·希尔弗斯坦

每当我看到水中，那个家伙头朝下，就忍不住冲他笑哈哈，但我本不该笑话他，也许在另一个世界、另一个时间、另一个小镇，稳稳坐着的是他，而我才是大头朝下。

雪花的快乐（节选）
徐志摩

假如我是一朵雪花，翩翩的在半空里潇洒，我一定认清我的方向——飞飏，飞飏，飞飏，——这地面上有我的方向。

蝙蝠宝宝
谢尔·希尔弗斯坦

一只蝙蝠宝宝，吓得大喊大叫，请你打开黑暗，我害怕这里的光线。

大皮靴
班 马

我埋怨我那双小皮鞋，为什么就发不出那种一走路，就嘎吱、嘎吱的响声？我多想有一双真正的大皮靴！嘿，嘎吱、嘎吱的——踩在荒原的白雪上，踩在林中小屋的木头地板上，踩在花的草原上……我常偷偷套上爸爸的那双长筒雨靴，在太阳底下走来走去。可惜，它不是嘎吱、嘎吱的，而是扑通、扑通的。

读着这样的美文，多像在清新的空气中、在温暖的阳光下品一杯好茶！这样的文章思想丰富而深刻，表达灵动而有趣。多让学生读这样的好文章，无形中就会提高孩子的领悟力、表达力和思想气质。

读书千万不要太功利，读书本身就是有意义的，不要总想着读书是为了提高作文成绩。有些家长给孩子买了很多作文选，其中大部分文章都是"应试好文"，模式化、套路化、八股化，从成人的角度来看成熟、规矩、老练，可是对很多学生来说，读这些东西简直味同嚼蜡，最终会严重损害学生的阅读品位与阅读兴趣。

获得迪士尼奖的美国明星教师艾斯奎斯让他五年级的学生读莎士比亚的作品，以及约翰·斯坦贝克的《人鼠之间》、马克·吐温的《汤姆·索亚历险记》、《哈克贝里·芬历险记》、亚历克斯·哈利的《马尔科姆X自传》、理查德·赖特的《土生子》、谭恩美的《喜福会》、迪·布朗的《魂归伤膝谷》和罗伯特·路易斯·斯蒂文森的《金银岛》。他所在学校霍巴特林阴大道小学的一些管理者对这样一份成人化的书单表示反对。他们不理解，既然他班里有那么多的贫困学生，为什么他不把基础读物当回事儿，那些孩子的英语基础实在太差，而他却要求他们读莎士比亚。然而，艾斯奎斯的学生喜欢那些书和戏剧，他们也不会抱怨家庭作业难度太大，学生们的英语考试成绩直线上升。艾斯奎斯不但让学生读书，每年还会选一部莎翁戏剧，让孩子们读它，学它，排演它。

我在上初一的时候就醉心于罗曼·罗兰的《约翰·克里斯朵夫》，反反复复读了好几遍，特别喜欢。因此，学生可以读高难度的、思想深刻的书，这是人类文化的精华，对学生大有裨益。让学生读课外书要注意两点：

一是书的难度要略高于孩子的阅读水平，在成人的帮助下学生能在现有的水平上获得提高，这样学生才会有成就感。那么，什么样的难度适合学生呢？这不能靠成人的主观臆测，而要对学生进行观察，同时，给学生充分选择的自由，尊重学生的意见和趣味。

二是一个有能力的成人对孩子进行有效的指导是非常重要的，这就好像我们在一个景点旅游，如果有一个好导游的话，比我们自己走马观花的收获要大得多。因此，父母和老师一方面要为学生选择那些能提高阅读水平、阅读趣味的书，另一方面也要提高自己指导学生阅读的能力。

2. 行万里路

行万里路的本质是让学生多经历、多体验。我曾和几个高中老师去踏青，我们坐在小溪边，把脚放到溪水里，感觉非常惬意。一个老师触景生情，回忆起他小时候的生活。那时他和伙伴们一起到小河里抓鱼，他两只手各抓了一条，正在往岸上走的时候，猛地又踩住一条，这时他急中生智，把手中的一条鱼用嘴咬住，腾出手来抓住了脚下的鱼。这位老师是教数学的，但他描述的这个情景很有"文采"、很有"画面感"，至今在我的头脑中都栩栩如生。我想这不是因为他的表达技巧，而是因为这种深刻、有趣、独特的体验。

我的学生马淑芳在一个研究规划中写道：

> 我于2008年、2011年两次在全区中考统阅中被分在了作文组，整个区的作文素材雷同，几乎找不到出色的文章。例如，2011年的作文题目是《日积月累》，几乎所有学生都写中考体育加试前的坚持锻炼和亲情的"日积月累"。从教至今，我发现学生的写作极其苍白，翻来覆去就那几个素材。例如，凡是写亲情、母爱的文章，几乎都是写自己生病了，而且恰巧是在一个风雨交加的晚上，路上打不到车，情急之下，爸爸或妈妈背着我去医院，当我在医院里睁开眼睛时，发现爸爸或妈妈趴在床头睡着了……这样的文章应该说很感人，也能体现出浓浓的亲情，但是每次都这么写，每位同学都这么写，文章就大大失色了。有学者将学生的素材戏称为"五子登科"：上坡推车子、马路搀瞎子、车上让位子、跑步疼肚子、爱心捐票子，甚至"家中死老子"。

学生的作文为什么乏味、雷同、僵化、八股？因为他们没有丰富的人生体验！为什么艺术家要采风，因为他们需要体验。为什么一个歌唱演员技巧高明却无法打动人？因为他缺乏体验。体验是人生中一笔重要的财富，甚至在一定程度上表现了生命的质量。人生为什么丰富，因为我们有体验；人生为什么难忘，因为我们有体验！没有真实的体验，学生写作文乃至表达都成了"巧妇难为无米之炊"。

有一次我在一个旅游点看到一个妈妈给孩子照相，孩子显然很累了，歪着坐在那儿，愁眉苦脸。可是妈妈要一张"标准的"照片、和美丽风景配得上的照片，于是就指示孩子，"坐正了，笑一笑，快，笑"。我看了很沮丧，为什么这位妈妈不在乎、不记录孩子真实的体验呢，十几年后再看这些"标准照"，还能勾起我们独特、美好的回忆吗？

我的学生于佳琪在作业中写道：

> 今年10至11月我在北京×中学初一语文组进行教育实习，在与学生日常交流、作文批改和课堂授课的过程中，我强烈地感受到城乡之间、不同地区之间学生综合素质的巨大差异。北京学生所表现出来的批判性思维和出色的语言表达能力，是我国其他地区学生，尤其是偏远地区学生所望尘莫及的。
>
> 我所带的初一（5）班是数学实验班，班内的学生都是西城区小升初入学考试的佼佼者，全班41名学生中有20人有海外旅游的经历，有的孩子在父母带领下几乎走遍了欧洲大陆和国内的绝大多数省份，较为丰富的社会阅历和多种多样的兴趣班都为这些孩子的智力发展和能力训练奠定了坚实的基础。与我家乡的城市或城镇的学生相比，这些学生整体所表现出的语言表达能力和沟通能力都更为优秀，看待同一问题的角度也更为多样。
>
> 在我实习的第一周，正好赶上所带班级学生进行自我展示的活动，学生在讲述自己的小学经历和旅游经历时，都表现得格外自信，语言流畅，内容丰富，能够看得出有的学生格外用心，对演示用的PPT进行了个性化的编排设计，十分注重突出自己的特色，并懂得如何巧妙地激起

听众的兴趣，这些都给我留下了极为深刻的印象。

通过这个案例我们可以感到，体验是提高学生整体素质的一个重要途径，体验是我们人生中特别重要的一笔财富。如果说我们的思考力是一台机器，那么体验就是机器加工的材料，这二者相辅相成、相得益彰。没有体验作为素材，思考的机器就无法运转，也不必运转，时间长了机器就会钝锈。因此，教师和家长要鼓励学生看书、交友、旅游、做志愿者、看各种演出等等，以丰富他们的体验。

上面案例中的学生生活在大城市，学习条件和家庭背景都很优越。那么，生活在农村或偏远地区、家庭条件不太好的学生，如何丰富他们的人生体验呢？我的建议是，要有意识地对学生的日常生活进行"转化"和"升华"，凸显各种看似普通却对学生有深刻影响的生活体验的价值。例如，一个农村的学生要在课余时间帮父母饲养几只羊，这可以成为学生丰富人生体验的好机会。到山里放羊，可以体验大自然的美丽；照顾一只生病的小羊，可以体验爱心的付出；为一只母羊接生，可以体验新生命的神奇；与羊独处的时候，可以和它对话，体验人与动物之间神秘的交流；将羊奶出售补贴家用，可以体验自己付出的辛劳有所回报等等。我相信，孩子小时候的这些经历，会成为珍贵的人生体验，谁又能说这不如另一个孩子去国外旅游的收获大呢？

3. 做万般事

我在某市讲座的时候，一个校长在课间休息的时候向我咨询，她最近遇到了让她非常上火的事情。她的孩子刚考上某所名牌大学，所学专业在全国排名前五，可是孩子对这个专业一点也不感兴趣，正闹着退学，要换个专业并出国读书。我问这位校长，他想读什么专业呢？校长说孩子也没有非常明确的目标，只是觉得自己喜欢文科类的专业，比如编导、心理学专业。我问为什么在高考时没有试着报这些专业呢？校长说，当时孩子是想报考北京师范大学的心理学专业，但父母阻止了他，因为现在读的大学及专业更热门，将来更好找工作。

听了这位母亲的话，我觉得很难过。一个孩子经过12年的奋斗，终于在残酷的高考竞争中获胜，却发现经过努力得到的这一切不是自己想要的！这个孩子现在想要换一个专业，可是换个专业就会满意吗？一个人的青春有多长，如果再次选择错误将要付出多大的成本？！

经过小学直至高中毕业12年的"学习"之后，竟然不知道自己喜欢什么、擅长什么，这个令人遗憾的结果不是在高考报志愿的那个时刻造成的，而是在十年前甚至更早的时候就注定了。大部分学生从小学一年级直到高考填报志愿，他们绝大多数时间都在听讲、写作业、应试、在纸面上"解决问题"。他们不做事、不实践，不但不能真正解决生活中的问题，而且也没有机会知道自己的兴趣特长在哪里。

因此，我们要让学生从小就身体力行地做各种各样的事情，这不但有助于他们确定未来的人生方向，更重要的是在这个过程中其意志品质、为人处世的态度会发生积极而又深远的变化。下面是前述那位在日本生活的中国母亲讲述她的孩子在日本幼儿园的经历：

> 日本幼儿园的孩子到了年长组，成天不是练习打鼓，就是练习足球，那是真踢啊，而且不停地有幼儿园之间的比赛，田田的身上青一块、紫一块的，但是体力和勇气都练出了。刚来日本时，田田的表现真让人汗颜。日本的孩子一般从十三四岁开始，才往上蹿个儿，之前比中国孩子矮很多，田田在班里，那可是鹤立鸡群的"庞然大物"，无奈实在是外强中干。日本孩子光着脚在外边跑，田田呢，榻榻米上有一点沙子，就恨不得踮着脚走路。有一次远足爬山，落在最后一个不算，下山的时候，干脆由两个矮个子的日本孩子搀扶下山。这怨不得孩子，3岁的孩子，根本没有让她徒步爬山1小时的经验。现在好了，去年在香格里拉，在缺氧的环境下，徒步4个小时没有任何问题。
>
> 总之，通过三年的幼儿园生活，田田在音乐、美术、阅读等方面也有了长足的进步，而这方面的收获却是经由综合教育的方式获得的。看看我的日历上标出的做便当的日子，就是田田他们远足的日子，一年到头不知道爬多少次山，看多少次湖，观察多少次动物和植物，除

此之外，捡橡子、打年糕、开运动会、为社区演出、宿泊、过园节、开发表会、拜寺庙、作品展，反正是名堂多多。总之，日本幼儿园的生命在于活动！

这些日本幼儿园的孩子真是幸运！他们在那么小的时候，就做了那么多的事情。这些事情在未来的人生中会为他们源源不断地提供甜蜜的回忆、克服困难的勇气、自信的力量、实践的能力、亲近自然和亲近他人的态度。

世界是一本书，社会是一个大课堂，学生通过做万般事以了解自己、欣赏自己。实践是学习的终极目标，是整合各种学习成分最有利的过程。陆游在教子诗《冬夜读书示子聿》中写道："纸上得来终觉浅，绝知此事要躬行。"说得多好啊！"躬行"至少有两层意思：一是学习过程中要"躬行"——学习时要动脑、动手、动嘴，二是获取知识后还要"躬行"，即通过实践去检验、巩固、整合、深化已学的知识，把书本知识化为己有，为己所用。如本章开始所呈现的案例，费曼从小就依照自己的兴趣做各种各样的事情，在这个过程中确实提高了能力、增长了才干、培养了自信。

有时老师和家长会觉得奇怪，学生在课堂上是条虫，课下却是条龙。有的家长会抱怨孩子："你净整那些没用的，把这个劲头用在学习上多好。"或着对学生横加阻拦，打击孩子的兴趣，阻止孩子干自己喜欢的事情。教师和家长一定要认识到，一旦孩子真的失去了做事情的热情和动力，才是最大的损失，而且他也不太可能因此就对学习感兴趣，甚至有可能憎恨学习，因为他觉得就是因为学习他干不了自己喜欢的事情。

当前学校的学习是比较程式化的，学生自由发展的余地较小，因此课外一定要给学生一个更为广阔的空间。请相信孩子有自我发展的能力和天赋。如果我们仔细观察一个鹦鹉螺，或一颗冰花，我们就会发现大自然的鬼斧神工岂是人工雕琢可比拟的。人更是大自然的奇迹，有多少神奇的基因被植于人类的身体之中，其中就有好奇心和学习、探究的动力，千万千万不要浪费了这个天分。

在这一章的最后，呈现一个网友的帖子，他讲了女儿和儿子上课外班的事情，也作为我们对本章开始时的问题的回答。

  没法啊！现在教育不公平，你不学，要上成都的四、七、九中学，几乎没门，这三所中学都是要考奥数的。今年，我小儿子参加全国作文大赛，就是写了学奥数的烦恼，结果四川的三等奖都没有拿到，但是，我看到他们学校获得一等奖的文章还不如我儿子的。我的儿子已经两次获全国一等奖，两次四川一等奖，小家伙还在写小说《一年200天不在家的老汉》，主要写在他成长历程中父亲对他的影响。看他的小说，我心里很骄傲，也很愧疚……扯远啦！学奥数和剑桥是我给他选的，但是现在两个孩子都很爱学了，奥数已经获得全国一等奖了，他们也都有兴趣了，也有动力了！

学生可以上课外班，但是要把握原则，就是上课外班的时间付出是值得的，要为学生未来的可持续发展奠定基础，学生要喜欢，要从中获得成就感。此外，如果课外班能够与读万卷书、行万里路、做万般事结合起来，那就太好了！

明确了教与学的目标，为学生搭建了素质发展的平台，学生是否就能够按照预设的目标顺利发展呢？我们应当看到，学生学习的过程是社会化的过程，学生不仅要付出努力，还要做出巨大的改变。在这个过程中，奖励与惩罚作为改变学生的手段在教育教学中是必不可少的。那么，如何正确、有效地实施奖励与惩罚，请参见下一章内容。

教育教学启示

1. 读书的核心价值在于获取知识、与作者及作品中的人物形成情感共鸣、获得价值观的培养与熏陶。为学生选择好书有四个标准：一是有趣，符合孩子的趣味；二是优美，体现文字的魅力；三是有思想，学生读了能有收获；四是符合孩子的思维水平。父母和老师一方面要为学生选择好书，另一方面也要提高自己指导学生阅读的能力。
2. 体验的核心价值在于开阔眼界，了解人生百态，丰富内心情感。教师和家长要有意识地对学生的日常生活进行"转化"和"升华",凸显各种看似普通却对学生有深刻影响的生活体验的价值。

3. 实践的核心价值在于提升能力,增长才干,坚强意志,培养兴趣。世界是一本书,社会是一个大课堂,教师和家长要给学生创造"做万般事"的机会,让学生通过做事了解自己,欣赏自己。

该"奖"还是该"罚"
——如何运用奖励和惩罚

  宋老师是一个新老师,她现在遇到的最大的困难就是管不住学生,班上总是乱糟糟的。有一次,宋老师看到隔壁班的高老师笑着跟一个特别捣蛋的学生说:"你这个画得真棒!"学生听了兴奋得脸都红了,还露出不好意思的表情,这是宋老师在这个孩子身上从没见过的。宋老师也试着表扬自己班上一个总是捣乱的学生,可没想到的是,听了她的表扬,学生竟然冲她翻了个白眼,一脸的不屑。老教师私下告诉宋老师,要黑得下脸来,对几个气焰嚣张的学生要敢于"亮剑"。于是宋老师试着狠批学生,让他们站着,甚至站到教室外面。可是,这些都没用!有些学生根本不怕,越惩罚他越和老师对着干。比如,让他罚站了,等老师一背过身去他就开始给班上同学做鬼脸,这反而把宋老师气得够呛。宋老师真想弄明白,对学生到底该"奖"还是该"罚",如何运用奖励与惩罚的策略呢?

教育的过程，某种意义上就是让学生的某些行为由无到有或者由少到多，而某些行为则由多到少乃至消失。对前者，如希望学生学习更努力、上课认真听讲、把老师交代的事情做好，此时就需要奖励。对后者，如希望抑制学生的打架、撒谎等行为，可能就需要实施惩罚。

奖励的目的就是为了激发某种行为或让某种行为反应变得更加稳固或频繁。奖励发生效用的核心机制是通过奖励引发学生满意、愉快的心理反应，从而使得学生更倾向于表现出这种待强化的行为。

奖励在教育教学中是非常频繁乃至时时刻刻都在发生的事情，是重要而又必要的教育手段，但是用好奖励可不是一件容易的事情。

在一个院子里，一位老先生的邻居们大多是一些十来岁的孩子。孩子们每每聚在一起时，总是追逐打闹、嘻嘻哈哈、吵声震天，使得这位老先生大受其苦。面对孩子们的吵闹，屡次出面干涉却全然不起作用，孩子们很快就在游戏的兴奋中把"吵闹会影响他人休息"的事忘得一干二净。老先生想出了一个好主意来解决这个问题，他把孩子们叫到身边，告诉他们，他的听力不太好，但又想分享他们的快乐，听到他们的欢笑声。所以，谁的嗓门大，谁的叫声高，他给谁的钱就多。结果，有些孩子得到5角钱，有些得到2角钱，有些只得到5分钱。此后的一周里，总是施以同样的奖励，孩子们也卖力地大声叫喊。突然，从第二周开始老先生不再给予任何金钱奖励，结果，孩子们感觉自己受到的待遇颇不公正："今天喊得这么响，怎么连一分钱都不给？""不给钱了谁还给你喊？"至此，孩子们对大声喊叫完全失去了兴趣。

实施了奖励之后孩子的某些行为怎么反而被抑制了？心理学家德西对这个问题进行了非常有意思的研究。他让大学生学习一种类似于"七巧板"的智能游戏，事先的调查表明，参加实验的大学生对这种游戏很感兴趣，经常在闲暇时间玩这种游戏。实验分三天进行，每天让被试摆若干个图形，要求每个图形必须在13分钟之内摆完。学生分成两组，一组为实验组，一组为对照组。两组的唯一区别是在第二天的实验中，实验组的被试每摆成一个图形就会得到1美元的报酬，而对照组则没有任何报酬。结果发现，实验组在第三天对游戏的投入程度明显低于第一天，而对照组则没有出现这种变化。

1. 正确实施奖励的四个原则

为什么有时候奖励会失去作用，甚至会有副作用？以下是实施奖励的几个原则。

（1）奖励要调动学生的内部动机

我们实施任何一项活动都是有动机的，即"为什么这么做"。心理学将其分为内部动机和外部动机。

各种各样的外部条件可以激励、诱发学生的行为，成为促进他们积极活动的动力源泉，如父母的鼓励、教师的表扬、在竞争中获胜等等。同样，有些外部条件也可以起到抑制、约束和限制不良行为表现的作用，如教师的批评、学校的处分、在竞争中失败等等。这种由外部力量激发的动机称为外部动机。

内部动机是指学生从事某项活动是自愿的，活动本身能使学生得到情绪上的满足，从而产生成就感。内部动机提供了促进学习和发展的自然力量，即使在没有外在奖赏和压力的情况下，也可以激发某种行为。例如，即使没有外界的奖赏，对阅读本身的兴趣也能激发一个儿童阅读的欲望，并且能够从阅读中获得愉悦与满足。

相较而言，内部动机比外部动机更加有效、持久、稳定，更有助于学生克服困难，坚持从事某项活动。

在上面第一个案例中，老人用钱来奖赏孩子，使得孩子大喊大叫的行为朝向了活动之外的钱，从而被外部动机所驱动。而一旦奖赏（钱）没有了，相应的行为（大声喊叫）也就消失了。在第二个案例中，原先大学生们对拼图是感兴趣的，他们从事这个活动来自内部动机，但是由于金钱的介入，实验组的大学生们拼图的目的朝向了金钱报酬（外部动机），此时内部动机被抑制，拼图的积极性相应地就下降了。

有些父母和教师向学生许诺，努力学习或考个好成绩就给予奖励，此时就潜藏着引导学生将学习置于外部动机的危险，可能会出现学生为了奖励才学习，没了奖励就不学习的情况。外部动机是一种驱动力，但这种驱动力有两个不足，一是不够持久，二是有可能压抑内部动机。因此，父母和教师在某个阶段可以利用外部奖赏强化学生的外部动机，但一定要注意不要因此而压抑学生的内部动机，要引导学生体验活动本身带来的愉悦和满足，提升和保护学生的内部动机，让活动本身成为有效的强化因素。

（2）奖励要投入真感情

有一次我在一个小学听课，当一个学生回答完问题后，老师就带着学生边拍手边念："×××，你真棒。"我观察了一下，老师和学生这么做时都面无表情，被说"很棒"的学生也不以为然，显然这成了"例行公事"。老师上课时在讲台上放了一个塑料袋，里面是小奖品，学生正确回答问题就会得到一个奖品。后排的一个学生正确回答问题后，老师让学生到前面来领奖品。老师把奖品放在前排的桌角上就开始下一个授课环节了，整个过程中她甚至没有和学生有一秒钟的眼神交流。这实在是有点遗憾，学生得到了物质奖励，上面却没有附着任何的感情，一段时间以后，学生再看到这个奖品，它就是一样冰冷的东西，学生可能都不会记起自己为什么而得到它了。

一个学生给我交作业，我通过电子邮件回复她："××，你好！你的作业写得非常非常好，其中的思考特别有价值。我不知道如果我写书的时候，能否引用你文中的部分内容。谢谢你的用心和思考。"她通过邮件回复我："老师，您好！当然可以，如果对您有帮助的话，我很高兴。这几天复习很烦，不过看到您对我作业的评价觉得很开心，有时觉得很奇怪，都已经上了大学，为什么听到老师的表扬还是很激动，虽然长大了可能不再会像小时候那样开心表现得那么明显，但是心里会好几天都很兴奋，人真的有被表扬的需要。"

我给学生作业的评价很简单，为什么学生却有如此积极的回复，因为我投入了感情，我是真的欣赏、喜欢学生的作业，我想学生感受到了我的真实情感。

奖励有一种危险——为了控制和摆布学生，这就像训练动物学会马戏表演一样。可我们永远要记住，人和动物是不一样的，动物为了得到食物可以付出努力，可以遵从人的意志做事，它们不会在乎你是把食物扔给它还是怀着尊重递给他。而人是有感情的，人的行为是认知、情感和意志共同作用的结果。如果学生发现父母和教师给予奖励的目的只是为了让自己更听话，为了笼络乃至控制自己，那么这样的奖励不但不会有效果，还很有可能适得其反。

（3）奖励要提升学生的自尊和自我效能感

自我效能感这一概念是美国著名的心理学家班杜拉最早提出的，在20世纪80年代，自我效能感理论得到了丰富和发展，也得到了大量实证研究的支持。班杜拉认为，行为出现的概率和强度受两方面期望的影响：

一是对积极结果的期望，指的是学生对自己某种行为会导致某一结果的推测。如果学生预测到某一特定行为将会导致积极的结果，那么这一行为就可能被激活和被选择，如儿童认为上课注意听讲就会获得他所期望的好成绩，他就有可能认真听课。

二是对自身能力的期望，指学生对自己能力的推测或判断。它意味着学生是否相信自己有能力实现预订目标。当学生确信自己有能力进行某一活动时，他就会产生高度的"自我效能感"，并去实施该活动。例如，当学生不仅知道注意听课可以带来理想的成绩，而且还感到自己有能力听懂教师所讲的内容时，才会认真听课。

我的学生黄丹阳在一篇作业中写道：

> 1996年冬天，那时候我5岁，上幼儿园中班。那时县里要召开"关心下一代工作委员会"先进集体、个人表彰会，也不知道为什么不选小学生而选大字都不识几个的幼儿园的小孩子去献词朗诵。老师在星期五时给班上每个同学都发了一篇献词稿，让大家回去背，星期一检查背诵情况。我小时候真是乖，把老师的话当圣旨一样，生怕星期一检查不过关会被老师批评。我愁眉苦脸地拿着几乎都不认识、看不懂的献词稿回家，然后把这个事情跟爸爸妈妈还有爷爷说了，他们都鼓励我把献词背下来。当时那个难啊，两天，要一个不认识几个字的五岁小孩背下一篇献词稿！小孩子也贪玩，就算告诉我哪个字读什么也不是一次就能记住

的。到了星期六我还是结结巴巴不能顺利地读完，那时候真不想背了，读都读不下去怎么背嘛。当时是爷爷让我不要放弃，一个字一个字先教我读，我只能记得读音，有些词语的意思压根就不能理解，是完完全全的死记硬背。爷爷想了一个办法，就是把我读的录下来，然后回放，听自己哪个字读错了，这样对改正错误特别有效。一个字一个字地教，一遍一遍地读，又一遍一遍地听音纠错。这对一个五岁贪玩的小孩子来说真的太枯燥太难受了。两天时间，从不认识几个字到慢慢能读通全文，到能顺畅地朗读，最后我竟然能完整、流利地背下来，爸爸妈妈没有想到，连我自己都没有想到。

星期一老师检查大家的背诵情况时，我发现竟然只有我一个人能完整流利地背诵，因此我理所当然地成为献词的领诵。在随后的排练中，和我搭档的另外一个领诵有时还需要我提醒他台词。那时，我真的是第一次由内心体会到了努力带给我的自豪。当周围所有的人都没有你做得好时，那种骄傲对一个小孩子来说是多么刻骨铭心。直到现在，15年过去了，献词稿的前面部分我还能信手拈来，我也将当时的录音保存了下来。如今，这录音和这段深刻的回忆是如此珍贵，每每再次读起那段朗诵词我都仿佛回到了那美好的童年。

在这个案例中，学生努力背献词，但遇到了很大的困难，学生快顶不住了，想要放弃，此时爷爷陪伴她，给予她坚定的支持和鼓励。后来只有她一个人能完整流利地背诵，顺利地成为献词的领诵，学生感慨"那时，我真的是第一次由内心体会到了一种努力带给我的自豪"。这就是自我效能感的体现，这就是学生的自尊体验，我想下一次如果再有类似的活动，学生一定会积极努力、充满信心地参与。

在本书中，有不少我学生的作业的片段，虽然这只是平时作业，但我们可以看到很多学生写得认真，有思考力，有想象力，我将此归结为"成功的习惯"。他们能考上北京师范大学不是偶然的，而是长期努力的结果。这种成功最有价值的地方在于为学生设立了一个激发自尊和自我效能感的标杆，告诉他们自己可以达到的成功的高度在哪里，以后做事情他们也会用这样的标准来要求自己。

因此，家长和教师在奖励学生时，一定要注意提升学生的自尊和自我效能感，使其体验到自身的价值，为自己取得的成果感到振奋，也为进一步的发展奠定基础。

（4）奖励要针对不同的个体，有特异性

说起教学中的强化，一般能想到的是教师给予学生表扬、鼓励性的评语、奖品等。但我们一定会发现，同样的强化物对不同的学生效果不同，甚至对某些学生有效的强化物对另一些学生是完全无效的。为了塑造或改变学生的行为，有时老师想尽了办法，但有些学生就是"油盐不进"，什么招都用了，好话都说尽了，学生没优点也要想出优点，可是学生仍然我行我素，或者短时间有一点效果，可是很快就反弹，强化的效果就没了。

我的学生王曼在中学有这样的经历：

> 上初中的时候我们班有一个男孩 W，因为学习成绩不好连年留级。他的脾气很爆，性子很急，不用说惹到他了，只要是他看着不顺眼，就会二话不说上去把人家揍一顿。在一些脾气好的老师的课上，他还会发出一些很怪异的声音，上课吃东西、听音乐也是"家常便饭"。
>
> 上初二的时候我们班换了一位新的语文老师，是一位年纪很大很慈祥的老师，她来到班上对我们说的第一话是"咱们班谁最不爱学习，并且最爱捣乱的请站起来"。这时班里几个喜欢起哄的人开始闹起来，他们互相呼喊着对方的名字，但唯独没有人喊出那个最爱捣乱并且不爱学习的 W 的名字。在乱得不可开交的时候，老师用板擦"啪"地一下拍在讲台上，制止了这场混乱。这时 W 站了起来，一副很不在乎的样子瞅着老师。此时大家都在想，这位老师会对 W 采取什么样的措施呢？让他以后不用听课？还是会……只见老师从他的头发一直瞅到他的脚面，然后也以满不在乎的语气对他说："以后你就是我的语文课代表了。"说完，转身走回讲台。全班所有人都瞪大了眼睛，这其中也包括 W 自己。之后发生的事真的让我很佩服这位语文老师，自从初二开始的每节语文课 W 都会很认真地听讲并作笔记，而且语文课上的班级纪律也是格外的

好，W时不时还会主动起来背上几段课文。

任何奖励能够奏效的关键是将要强化的行为和学生的需求联结在一起。和动物基于本能反应的强化不同，每个人的需求都是不一样的，有的学生需要教师的鼓励，有的学生需要父母的认可，有的学生需要同学的羡慕，有的学生需要学习中的乐趣。有些学生喜欢老师当众表扬他们，而有的学生就比较反感这个，因为他们会觉得"不好意思"、"不自在"、会被同伴嘲笑。上面的案例中，班主任对W的奖励——让他当语文课代表——是否对别人也有效？我想答案往往是否定的，因为每个学生的需求是不一样的。

因此，教师一方面要注意观察、体会不同学生的需求，另一方面也要多尝试一些包括眼神、肢体动作、表情等个体化的强化行为。如学生某道题做得好，体现了与众不同的想法，教师看到后给予一个欢喜和鼓励的眼神，这看起来只是发生在一瞬间，却可能给学生带来巨大的鼓励，有明显的奖励效应。

有时教师的一些无意识行为也会对学生产生奖励作用。比如当老师回答学生问题的时候特别耐心，学生很"享受"这个时刻，这有可能成为一种强化的过程。再比如教师讲课生动有趣、深入浅出，这也可能成为学生积极投入学习的强化因素，虽然教师这么做的时候并未有意识地要强化学生的某些行为。

2. 正确实施惩罚的原则和策略

和奖励相对应的就是惩罚。奖励的目的是为了使待强化的行为更频繁、更牢固地出现，而惩罚的目的则是抑制、消除学生的某些行为。惩罚包括两类：给予性惩罚和剥夺性惩罚。学生在课堂上喧哗被教师罚站属于给予性惩罚，学生没有写完作业则不让其参加课外活动属于剥夺性惩罚。

学生某些行为的减少或抑制是其健康发展的一部分，如扰乱课堂纪律、打架、欺负同学等行为需要被抑制或消除，因此惩罚无论在理论上还是在实践上都不可避免地存在于教育教学之中。但我的建议是，能不用惩罚尽量不用，因为无论是给予性还是剥夺性惩罚，都会在一定程度上造成学生情绪上的痛苦，如恐惧、耻辱感、愤怒、沮丧等。千万不能将惩罚当"法宝"，即使在不得已的情况下用惩罚，也要怀着教育学生、成就学生的目的。

"虎妈"，本名蔡美儿（Amy Lynn Chua），1962年生，祖籍福建。蔡美儿幼年随父母移民美国，获哈佛大学文学学士、法学博士，现任耶鲁大学法学院终身教授。她的两个女儿在学业、音乐上都取得了令人艳羡的成就，大女儿2007年在卡内基音乐厅进行了钢琴独奏。她把教养女儿的经验写成一本书——《虎妈战歌》（Battle Hymn of the Tiger Mother），此书一出版，引爆了全世界对东西方教育方式的大讨论。Battle是战斗的意思，某种意义上她教养女儿是一个战斗的过程。这本书中有很多她如何惩戒女儿的案例，下面是她管教女儿弹钢琴的一个例子。

我的二女儿露露7岁了，仍然在学习两种乐器，经常弹奏法国作曲家雅克·伊贝尔的一支名为"可爱小白驴"的曲子。露露做不来，我们给她做工作，演练她那太僵硬的手指，一次又一次。但每次我们把她的手指合在一起时，另一指又变形了，所有的都是分开的。终于，在决定给她教训之前，露露恼怒地表示她将放弃练琴，还不停地跺脚。

"现在回到钢琴旁！"我命令道。

"你不能管我！"

"我能！"

回到钢琴旁后，露露很不情愿地乱按着琴键，又突然抢去乐谱，把它撕得粉碎。我把乐谱粘回了原来的样子，并把它放在一个塑料夹里，这样她就永远也不会再毁坏它了。我拉着露露的玩具屋到了汽车旁，告诉她：如果明天不能把"小白驴"弹好，我就把你的玩具一件一件的都捐给救世军。而露露却说："你早应该把它们弄走了。"我没有退缩，我警告她，不弹琴的话不准吃午饭，不准吃晚饭，没有圣诞节礼物，没有光明节礼物，不准办生日聚会，两年，三年，甚至四年。这时露露屈服了。当她仍旧弹错时，我对她说：你这样做只会使自己更狂躁，因为你内心告诉自己你弹不好。

整个房间变成了战场。我挽起袖子，走到露露身边，对她使用了各种武器和策略。我们一直练习到了吃晚饭的时间，这时，我仍旧没有让她停下，不准喝水，不准去洗手间。我不再大喊大叫，但我仍然在那里看着她消极地练习着。我也曾一度怀疑过我的做法。

终于,那种令人沮丧的气氛消失了,露露做到了。她的手能够协调在一起弹奏了——左手和右手各自泰然自若地弹着。

露露和我同时觉察到了成功的来临。我深出了一口气。露露又毫不犹豫地弹了一遍。这次更加自信,更快,更能抓住节奏了。过了一会,她开始变得笑盈盈的了。

"妈妈,看,这太简单了!"她想再多弹几遍,舍不得离开钢琴。那天晚上,我让她和我睡在了一起。我们依偎着拥抱着,彼此之间再没有隔阂。当她在几个星期后的独奏会上弹奏那首"小白驴"时,家长们都跑过来对我说:"露露表现得多么棒啊!她太厉害了!"

在这个案例中,"虎妈"用了各种方法"对付"她的二女儿露露,其中当然包括各种惩罚,如言语指责、威胁捐掉玩具、延长练习时间、不许吃饭喝水上厕所等。这个案例中的场景在很多家庭都会"上演",不幸的是,多数并不像案例中的结局这么美好。那么家长和教师在运用惩罚时要注意什么,有哪些原则呢?

(1) 要清楚孩子的承受力

在上面的案例中,给我们留下深刻印象的恐怕是这个"虎妈"的坚韧。她是耶鲁大学的法学教授,能有这样的成就和职业背景我们可以想象她是多么地坚强、能吃苦、勇于接受挑战。因此,有一种重要的可能性——她的女儿继承了她的基因,因而也能够承受巨大的压力。露露能够面对并承受各种惩罚,最终突破了自我,说明露露本身也是一个相当坚强的孩子。换句话说,你可以惩罚孩子,但要清楚孩子的特点和承受力,并不是每个孩子都像露露一样能承受这样的压力,虎妈的做法对她的女儿合适,但对另一个孩子来说就有可能是灾难!

(2) 要对孩子的发展有利

从露露后面的表现和发展来看,她是喜欢弹琴的,也是适合弹琴的,因此所付出的这一切都是值得的。如果不顾孩子的特点,一味利用惩罚逼迫孩子达成自己的意愿,如强迫让一个喜欢跳舞唱歌的孩子去画画,也许最后的结果是孩子屈服了,但这样做有什么意义呢?惩罚者和被惩罚者在这个过程中都将付出巨大的代价,通过惩罚反而压制了孩子的优势和特长,这个损失实在太惨重了。

(3) 与孩子建立爱的纽带

当露露能够顺畅地弹奏"小白驴"时,妈妈立刻给予赞扬,并且在晚上和露露依偎、拥抱。这种及时而又热情的回馈太重要了,这使得刚刚经历的艰难的时刻更显珍贵,就像历尽千辛万苦终于登到山顶欣赏到美丽的风景一样。妈妈的这个举动清楚无疑地向露露表示:我和你在同一个立场,我们共同面对困难和压力,我对你很严厉,但这是因为我爱你。

(4) 引导孩子主动改变

对动物来说,惩罚能够引发厌恶、痛苦或恐惧等消极情绪,动物因为要避免这样的刺激而抑制被惩罚的行为。因此,动物面对惩罚而改变其行为是本能的、被外力所迫的、被动的。而学生在面对惩罚时改变其行为却有两种状态——被动和主动。被动状态同样因外力所迫,学生是在恐惧或"没有办法"的情况下"屈服"于家长和教师的惩罚,其行为的改变不是自愿的,是被强迫的。而主动改变是在学生理解、认可惩罚行为的基础上,认识到自己的错误,为自己的不当行为感到羞愧、后悔,自己愿意改变。

学生面对惩罚时有主观能动性——包括认识(惩罚是否公平,自己是否真的犯错了)、情感(害怕还是羞愧)、意愿(愿意接受惩罚、愿意做出改变)等,这些主观能动性使学生对教师和家长施加的惩罚行为作出评价和过滤,从而在相当的程度上影响惩罚的结果。年龄越大的学生,其判断和反思能力越强,其主观能动性对惩罚的过滤作用也越明显。因此,教师和家长在惩罚学生时,一定要同时关注学生的认知、情感和意愿,尽量做到让学生发自内心地认识到自己的问题和错误,能够主动地改变。

(5) 惩罚要公正体面,不可粗鲁

我的学生祝瑞辰同学在作业中写道:

我清楚地记得那是一个星期一上午的最后一堂课，×老师看着我们做一本名叫《学习与巩固》的练习册。突然，我同桌指着练习册上"平均"的"均"字问我怎么读，那时候的我绝对是个乖孩子，哪敢在课堂上偷偷说话，于是我往他的本子上看了一眼，正要摇头表示不能说话，只听一声怒吼："祝瑞辰，站到教室后面去！"我真的很乖，非常乖，所以我走到教室后面立正站好。站了好几分钟，我忽然觉得我需要问一下为什么让我站在这里，"老师，我站在后面干什么？"老师抬起头，白了我一眼："你说干什么？！谁让你说话了？！"我顿时觉得非常委屈，我分辩："我没说话，是××问我'均'字怎么读，我就往他的本子上看了一眼。"老师又白了我一眼："胡说，我都看见你说话啦。还有，××，你也站到后面去。"于是我不但没有"上诉"成功，反而又多了一项"叛徒"的罪名。

快放学了，每天中午放学后我爸都会到教室门口接我。那天中午他来到教室外，一眼就看到了委屈地站在教室最后面的我，看见爸爸眼神的那一瞬间，我就知道今天完了，回家肯定有比罚站更可怕的事情等着我。从看到爸爸到放学铃声响起的那几分钟，对我来说简直比一年还漫长，比把我放在火上烤着锅里蒸着还难熬。放学了，我爸进了教室，出于对同行的尊重，他没有搭理我，先向×老师询问我犯了什么错误要罚站，×老师的反应令人震惊，她对我爸翻了个白眼，留下一句："哼，她怎么了？你自己问她去！"然后一个转身飘然而去。十四年来，她那华丽的转身和帅气的白眼在我的记忆里不断循环。

这个案例学生写得非常生动、传神，一方面是学生的文笔很好，更重要的是这件十四年前发生的事已经深深地刻在她的脑海中，对她的影响难以磨灭。

惩罚意味着学生要为自己的行为付出代价，可能要经历情绪的痛苦，因此教师实施惩罚要谨慎。事先确定的、明确的规则是实施惩罚的前提，惩罚的规则要非常明确，并最好能得到学生的理解与认可。教师要让学生懂得，被惩罚是因为违反了规则，而不是因为教师不高兴。教师要对所有学生一视同仁，要公平行事，这样实施惩罚才师出有名，学生才能心服口服。惩罚是为了削弱目标行为（比如学生打架），为了让学生了解不当行为要付出代价，"倾向于"以后不再这么做。教师千万不要认为惩罚学生就是要让学生难受、让他们痛苦，认为只有这样他们下次才"不敢"犯同样的错误，这样的惩罚很有可能引发学生的"消极情绪"，如破罐破摔、心怀仇恨、伺机报复、佯装屈服等。

教师在惩罚学生的时候如果表现粗鲁，不能够做到公正体面，这本身就像"以暴制暴"，实际上给学生树立了一个消极的榜样。因此，教师在惩罚学生时要尽量做到"对事不对人"，千万不能故意羞辱学生，要让学生即使在接受惩罚时也能感受到老师的期望和尊重。教师要有意识地保护学生的尊严，有自尊的学生才能做出有尊严的事情，这也是学生愿意主动改变的重要基础。

（6）要对孩子表达高期望

下面是我的学生张海龙的作业片段：

> 刚上初一的时候成绩很差，班里62个人，我排十多名——倒数。我的班主任是个姓周的女老师，后来我一直认为她是改变我学习的最重要的老师之一。她很会打人，而且打人特狠，尤其是对我。她和我说话的时候都习惯拧着我的胳膊上的肉和我说："张海龙，你要好好学习啊，你爸给我打电话说你很皮实，不听话就使劲揍你。你就天天闹吧，我看你是不进棺材不落泪啊……"每次都疼得我龇牙咧嘴。不过在她的打骂中，我的成绩稳步提升，一直排在班里的15名左右——这个是正数。有一次期末考试前，她把我叫到办公室对我说："张海龙，我和年级主任打赌了，就赌你期末考试的成绩，你要是进班里前10名，主任就输我100块钱，要不然我就输他100块钱，你看着办啊！要是进不了前10，看我怎么收拾你！你要是进了，主任输给我的钱我们就平分。"出了办公室，我既害怕又高兴，害怕的是进不了前10名，给她丢脸，让她输钱，最主要的是还要挨她的打，高兴的是我要是进了前10名，就有50块钱啊，那在当时对我来说可不是小数目。期末前的那些天，我学得

昏天暗地，为了不挨打，更为了那50块钱，拼了也值得。后来成绩下来了，班主任当着全班的面宣布我进了前10名，是第8，并把我大夸了一通。她高兴，我也高兴，因为我们都赚钱了。她给了我50块钱，还有一只带包装的钢笔作为奖励。再后来的一个学期，大大小小的考试，我从来没跌出过前10名。再再后来，我以全年级前20名的中考成绩毕业，顺利进入胶州市重点高中。我去找年级主任拿奖励（当时年级前50名都有奖励）的时候，偶然说起这件事，他很惊讶地说从来没有和我的班主任打过什么赌，也没有输过什么钱。

这个案例非常生动有趣，我想周老师做的最了不起的事情就是在看似惩罚学生的过程中表达了对学生的高期望。这如同在露露练琴的过程中，虎妈始终在表达一个信念——我相信你能够做到，因此我们必须为此而努力。这是惩罚学生必须秉持的态度，是一个相当高的境界，惩罚学生时永远不要忘了我们的初衷——让学生变得更好。

(7) 惩罚要因人而异，有时惩罚和奖励要双管齐下

只要能达到教育学生、成就学生的目的，惩罚的方法可以而且应当因人而异、灵活处理。对那些偶尔犯规、内向、胆小的学生来说，教师的一个责备、失望的眼神可能就是非常严厉的惩罚了。有些学生在教师没有对其惩罚之前就已经悔过了，这时自然也没有惩罚的必要了。

另外，相同的惩罚措施对不同学生的效果很可能是不一样的。有的教师让上课说话的学生站起来，可是教师一转过身去在黑板上写字，学生就冲着班上同学做鬼脸，惹得同学哈哈大笑，气得教师暴跳如雷，而这时被罚站的学生可能很得意呢。所以罚站对这样的学生来说不仅不是惩罚，很有可能还"鼓励"了他的不当行为。因此，具体采取怎样的惩罚措施还要看情境和惩罚对象，总之要以抑制目标行为为目的。

还有一点需要强调的是，在很多情况下被惩罚的行为与被鼓励的行为往往是此消彼长的关系。强化学生的某些行为的同时也会有助于抑制另一些行为，反之抑制某些行为需要另一些行为被强化作为支持。比如，学生上课不听讲并骚扰别的学生是需要被抑制的行为，上课专心听讲并积极提问是需要

被鼓励、强化的行为。教师可以单方面地惩罚学生上课说话的行为（罚站或当众呵斥学生），这样做有可能抑制学生上课随便说话的行为，但学生可能会形成其他的不当行为如睡觉、看小说、故意不写作业等，而且被抑制的行为（上课随便说话）一旦外界压力减小又有可能反弹。此时教师需要仔细观察，如果发现讲课的某个片段这个学生被吸引，可以主动让其发言，只要学生有稍许的进步就鼓励他，这是在强化和鼓励积极行为——认真听讲、主动提问。

当学生的积极行为越来越多的时候，其消极行为自然就会越来越少。如对低年级的学生来说，上课发言要举手、认真倾听别人发言是需要培养的良好行为习惯。教师可以批评不举手就发言的学生，但这种批评某种意义上成为对学生发言的回应，学生不应被鼓励的行为却得到了教师的关注，而那些举手等待的学生却被忽视了。更明智的做法是忽视不举手就发言的学生——某种意义上这是一种惩罚，而与那些举手的学生进行交流。一旦不举手发言的学生改变自己的行为——举手等待，教师再与其进行交流。这样做就是将强化鼓励积极行为与抑制消极行为很好地结合在一起，效果一定会更好。

本书内容至此从教育心理学的角度分析了在教育教学中"如何做正确的事"，学生的发展就像一颗种子发芽、生长的过程一样，有一定的规律，因此做正确的事要放在时间的尺度上才有意义，即要在正确的时间做正确的事。下一章将对教育的时机进行探讨。

教育教学启示

1. 奖励学生是为了强化其某种行为，奖励一定要出自真心，让学生体验到你发自内心的赞赏。通过奖励提升学生的自尊和自我效能感，这是更为持久和稳定的动力源。

2. 奖励学生要注意调动其内部动机，在某个阶段可以利用外部奖赏强化学生的外部动机，但一定要注意不要因此而压抑学生的内部动机，要引导学生体验活动本身带来的愉悦和满足，提升和保护学生的内部动机，让活动本身成为有效的强化因素。

3. 运用惩罚一定要慎重，能不用则不用，有时要和奖励并用。惩罚学生是为了抑制某种行为，绝不是为了发泄怒气和不满而羞辱学生，同时，教师和家长在惩罚学生的过程中一定要让他感受到爱和高期望，要公正体面，不可粗鲁。
4. 无论奖励和惩罚，所用的方法都要因人而异。奖励要关注学生不同的需求，惩罚要注意孩子的承受力不同，对一个孩子有效的惩罚却可能对另一个孩子无效。

孩子会输在起跑线上吗
——教育的时机

> 小枫五岁了,正在上幼儿园大班。小枫的妈妈这两天心烦意乱,同事的孩子和小枫同岁,现在会背好多唐诗,能认的字快有一千个了,还参加了"学前班",已经开始学小学一年级的内容了。看着天天疯玩儿的小枫,妈妈有些后悔,也有些害怕了,难道小枫真的要"输在起跑线上"了吗?

"好雨知时节,当春乃发生。"一个孩子的成长与发展是否也存在"好时机"——在不同的时机施行不同的教育内容、配合相应的教育方式,从而取得最好的效果?为了探讨这个问题,我们来看以下几个案例:

成熟

美国心理学家格塞尔曾经做过一个著名的实验:让一对同卵双胞胎练习爬楼梯。一个实验对象 A 在出生后的第 46 周开始练习,每天练习

10分钟。另一个实验对象B在出生后的第53周开始接受同样的训练。两个孩子都练习到他们满54周的时候，A练了8周，B只练了2周。

这两个小孩哪个爬楼梯的水平高一些呢？大多数人肯定认为应该是练了8周的A比只练了2周的B好。但是，实验结果出人意料——只练了两周的B爬楼梯的水平比练了8周的A好——B在10秒钟内爬上特制的五级楼梯的最高层，A则需要20秒钟才能完成。

关键期

1920年9月19日，在印度发现两个被狼哺育的女孩。年长的估计8岁，年幼的一岁半，她们大概都是在出生后半年被狼衔去的。两人回到人类世界后，都在孤儿院里养育，分别取名为卡玛拉与阿玛拉。她们的言语、动作姿势、情绪反应等方面都能看出很明显的狼的生活痕迹。这两个狼孩回到人类社会以后，辛格牧师夫妇俩做了各种各样的尝试使她们能够回归社会。小女孩阿拉玛到第2个月，可以发出"波波"的音，诉说饥饿和口渴了。遗憾的是，回到人间的第11个月，阿玛拉就死去了。

大女孩卡玛拉在两年后，才会发两个单词（"波波"和叫牧师夫人"妈"），4年后掌握了6个单词，第7年学会45个单词。她动作姿势的变化也很缓慢。1年4个月后，只会用两膝步行。1年7个月后，可以靠支撑两脚站起来。不用支撑的站立，是在2年7个月后；学会两脚步行，竟花了5年的时间，但快跑时又会用四肢。5年后，她能照料孤儿院的幼小儿童了。她会为跑腿受到赞扬而高兴，为自己想做的事情（例如解纽扣）做不好而哭泣。这些行为表明，卡玛拉正在改变狼孩的习性，显示出获得了人的感情和需要进步的样子。卡玛拉一直活到17岁，但她直到死时还没真正学会说话，智力只相当于三四岁的孩子。

印刻

奥地利生物学家劳伦兹（K. Z. Lorenz）曾发现，小鸭子在孵出不久遇到活动的对象，会本能地对其产生偏好和追随反应，如它们孵出后往往第一时间遇到母鸭，就会追随、紧跟母鸭。但是，如果小鸭子在孵出后时间较久才接触到外界的活动对象，它们就不会出现上述行为，这一现象被劳伦兹等称为"印刻"。劳伦兹让刚刚破壳而出的小鸭子最先看到的不是母鸭而是自己，有趣的事情发生了，无论劳伦兹走到哪里，身后都会跟随着几只小鸭子。进一步的研究发现，这一现象在其他哺乳动物身上也存在。一般说来，小鸡、小鸭的"母亲印刻"发生在出生后的10~16个小时，而小狗的"母亲印刻"发生在出生后的3~7周。

上述这三个重要的现象对教育教学的启发是：教育要把握时机，要尊重学生发展的客观规律。

格塞尔爬梯实验说明，46周就开始练习爬楼梯为时尚早，孩子在爬楼梯的行为能力上尚未成熟，并没有做好准备，所以训练只能取得事倍功半的效果。53周开始爬楼梯，此时孩子发育的成熟使他做好了准备，所以训练就能达到事半功倍的效果。有效的教育教学必须基于孩子身体或智力方面的成熟，家长和教师要认识并尊重孩子的现有水平，在发展的某个方面尚未成熟之前，要耐心地等待，不要不顾孩子发展的"时间表"，盲目地期望通过训练加速孩子的发展。

狼孩的案例说明，在学生的发展过程中存在"关键期"——这是心理学中的一个重要的概念。打个比方，种子在春天发芽，春天对于发芽来说就是关键期。孩子在身体或智力某方面的发展存在最佳时机，处于这个时期该方面的发展效率最高。但是，不是到了这个时期孩子就会自动发展，而是要为他的发展提供合适的环境和条件。在被狼掳去的时候，两个狼孩的大脑结构和她们的同龄人没有差别，但因为她们长期脱离人类社会，大脑的功能得不到开发，因此在狼孩回到人类社会后即使受到训练，也无法弥补当时大脑功能和结构应当发展而没有发展的损失。

狼孩在幼小时由于环境因素，错过了大脑发展的关键期，就再也没有机会弥补了。因此一个人的智力高低，并不完全取决于大脑的结构，还要受到成长环境的影响。就好像春天是种子发芽的关键期，但不是说到了春天种子就一定发芽，而是要具备阳光、空气、水分、温度等相应的条件。心理学的研究表明，三岁之前是孩子语言发展的关键期，这是孩子发展言语能力最高效的时期，此时孩子的言语模仿能力最强，是其语音、语调迅速形成的时期。此时如果给孩子充分的言语条件刺激，鼓励孩子的言语表达，对孩子的表达给予充分的反馈，那么孩子的言语发展包括语音、语调的准确性和表现力都会奠定一个良好的基础。

格赛尔的爬梯实验强调内因——身体或智力的成熟，关键期则强调外因——在某个关键时期提供相应的环境和条件。如果错过了这个关键的时机，孩子的发展将错过最好的时机，甚至造成孩子在某个方面的发展不可弥补、不可逆转的损失。

印刻的现象也体现了关键期的影响，但与狼孩的案例相比，它更突出说明了某些因素对个体心理的发展具有"占位性"和"排他性"。小鸭在刚孵出时是形成"母亲追随"的关键期，此时"人"的出现很关键，形成了不可逆的"印刻"作用而被小鸭追随，并且排斥了母鸭被小鸭追随的机会，这就是占位性和排他性的影响。这给我们提出一个重要的命题，在关键期不但要给孩子提供适宜的条件，而且这个条件要尽量优化，否则一旦被其他不良因素占位，将对学生的某项心理发展形成不可逆的消极影响。这就好像一个孩子在年幼时每天听到的都是流行乐，这会排他性地影响孩子的音乐欣赏类型，过了这个阶段，再让孩子欣赏古典乐，很有可能就无法引起他的兴趣和共鸣了。

基于上述成熟、关键期及印刻等核心概念，以下我们以皮亚杰的认知发展阶段理论、埃里克森的人格发展阶段理论和科尔伯格的道德发展阶段理论为基础，分别说明个体认知能力、人格和道德发展的普遍规律和大致的路径图，为教师和父母把握教育时机、提高教育教学效率提供参考。

1. 认知发展阶段理论

杰出的瑞士心理学家皮亚杰在20世纪50年代开始对儿童的思维发展进行非常系统和深入的研究，提出了著名的"思维发展阶段理论"。他发现年龄相仿的孩子往往表现出相似的思维水平和特点，也往往在思维上犯同样的错误。如让五六岁的孩子观察两个同样的杯子，杯子里面装了同样多的水，然后把这两杯水分别倒进一个又矮又粗和一个又高又细的杯子中，然后问孩子,哪个杯子的水多?结果发现,大部分的孩子都会认为是又高又细的杯子盛的水多。这是为什么,又揭示了怎样的道理?

皮亚杰的研究发现,儿童的思维发展要经过四个阶段。这四个阶段分别是感知运动阶段、前运算阶段、具体运算阶段和形式运算阶段。各阶段出现的一般年龄虽因各人智慧程度或社会环境不同可能会有差异,但各个阶段出现的先后顺序不会变,而且各个阶段作为一个整体结构,它们之间也不能彼此互换。

(1) 感知运动阶段(0~2岁)

处于这一时期的儿童主要靠感官和与外界的接触来认识周围的世界,他们的大脑在此阶段获得飞速发展,这既是外部信息刺激的结果,也为其认知水平不断提高奠定了基础。

在这个阶段,最重要的促进儿童发展的方法就是保护、激发儿童探索世界的愿望与行动,支持儿童利用各种感官探索外部世界,从中获得充分而又丰富多彩的信息刺激。一个人经常进行体育锻炼就会肌肉发达,大脑的发展同样如此。在感知运动阶段,儿童主要通过各种感官了解世界,获取外部信息,这个过程又为大脑提供了丰富的刺激和"锻炼",从而促进了大脑的发育和成熟。例如,婴儿爬行时能够感知地板的温度、硬度、颜色等,这些信息会传入大脑并刺激相应区域大脑皮层的发育与成熟。同时,婴儿爬行时往往有一定的目的,在实现目的的过程中可能会遇到障碍,他就需要记忆、试误并形成策略,这都是很好的促进其大脑发展的机会。经由不断的练习,婴儿的爬行会越来越迅速、越来越协调,说明其神经联系更加丰富,大脑皮层相应区域的功能更强大、更成熟。

心理学家的研究显示,一个2~3个月的婴儿,在其面前放一个玩偶,然后用挡板移开后,再增加一个玩偶,把挡板移开,两个玩偶呈现在儿童面前。这样的动作重复多次后,婴儿失去了兴趣,开始打量其他地方。此时用挡板遮挡后不增加玩偶,挡板移开后,儿童看到只有一个玩偶时,其注意力立即被重新吸引,他盯着玩偶并显示出迷惑不解的表情。这个实验生动地说明了这么小的一个婴儿,已经具备了令人惊奇的记忆能力和数量意识。

一个刚出生的婴儿就像一颗种子，和未来要长成的大树看起来很不同，但这颗种子包含了成长为大树的所有可能性。因此，千万不要认为婴儿是一张白纸，可以不顾其心理发展规律任意涂画。在感知运动阶段，儿童最需要的是通过各种感官与世界互动，这是该阶段儿童获得发展最有效的方式。在这个阶段，要让儿童多听、多看、多动，父母一定要保护其好奇心，珍视其探索世界的欲望。此时，音乐、大自然、动物、语言、儿童自身的活动等等都是促进其发展的好素材。

（2）前运算阶段（2~7岁）

皮亚杰认为，儿童在两岁时发生了一种哥白尼式的革命——他们的活动和发展不再完全依赖自我的身体了。这个时期儿童开始以符号（如语言）来认识与表达现实世界，并且能够对头脑中的符号进行操作（如想象）。但在这个阶段，儿童的抽象能力还较差，尚不能正确地掌握概念，他们的判断受直觉思维支配。例如，唯有当两根等长的小木棍两端放齐时才认为它们同样长，若把其中一根朝前移一些，就会认为它更长一些。所以在这个时期，儿童还没有思维的可逆性，因而也没有守恒性。所以才会出现前述同样多的两杯水倒入不同形状的杯子，儿童却认为其多少不一样的现象。

这个阶段儿童最愿意、最频繁从事的活动就是模仿，如"过家家"。儿童能够模仿，说明他们已经能够脱离感官的束缚，在头脑中进行模拟和想象，只不过此时的大脑操作还是以具体的形象为素材。皮亚杰在其教育日记中记载：有一次他带着3岁的女儿去探望一个朋友，朋友家有一个1岁多的小男孩正在独自玩耍，突然跌倒在地下，紧接着便愤怒而大声地哭叫起来。当时皮亚杰的女儿惊奇地看着这情景，口中喃喃有声。三天后在自己的家中，皮亚杰发现3岁的小姑娘似乎照着那1岁多小男孩的模样，重复地跌倒了几次，但她没有因跌倒而愤怒啼哭，而是咯咯发笑，以一种愉快的心境亲身体验着她在三天前所见过的场景。皮亚杰指出，三天前那个小男孩跌倒的动作显然早已内化于女儿的头脑中了，而且女儿还对此进行了"加工处理"，在重现跌倒时去掉了其"愤怒和害怕"的情绪成分，添加了其主观理解的成分——有趣和滑稽。

这个阶段儿童思维的明显特点是"非逻辑"和"自我中心"。此时儿童的绘画都是"抽象派",这是因为他们有自己的表象处理方式,这种方式不是成年人的逻辑能够解释的,也没必要用成人的角度去解释或规范它。我记得自己在上学前非常喜欢一个广播节目——"小喇叭",其中有一个段落是"学龄前"节目,我坚持认为是"jié líng qián(读音)",无论我父亲给我解释多少遍,我都不认可。一个孩子在幼儿园学习三字经,汇报表演后一个家长拉着她问:"性本善是什么意思啊?"她回答:"就是有一个人姓běn shàn(读音)啊。"这些表现都是非逻辑的,对这个年龄的儿童来说,他们记忆、思维的不是语义而是语音,他们不会也不在意探究其逻辑意义。

在这个阶段,家长和老师最需要做的就是"允许孩子活在他们自己的世界里",不能也不必用成人的思想去纠正小孩子的所思所想,此时最重要的是保护他们的想象力,欣赏他们在这个阶段所表现出的对世界独特而有趣的解读,鼓励孩子提问和思考,让他们通过问题用自己的头脑和世界互动,这和上一阶段鼓励孩子通过感知和运动与世界互动是一样的。就像前面提到的,周国平在面对5岁女儿的提问时,回答说:"宝贝,你这个问题很好,但爸爸也不知道,我们一起慢慢想。"对这个年龄阶段的孩子来说,提问及思索比问题的答案要重要得多。

在这个阶段,父母和教师不要急于将成人化的、以知识学习为核心的教学内容呈现给孩子,因为这些内容与此阶段孩子的发展任务是不匹配的,孩子费了力气却只能对所学的东西"生吞活剥",这不仅会让孩子丧失探索和学习的兴趣,更糟糕的是由于占位性影响,本该在这个阶段完成的合适任务却被剥夺了,错过这个关键期再要弥补就非常困难了。因此在前运算阶段,应当鼓励孩子从事多元化的活动,读书、体验、做事等都可以为孩子搭建发展的平台,这些也许不能形成直接的"教育成果",但就像磨刀不误砍柴工一样,这些活动一定会给孩子未来的可持续发展奠定坚实的基础。

(3) 具体运算阶段(7~12岁)

这一阶段儿童的思维最明显的特点是具备了可逆性和守恒性,显示出一定的逻辑思维能力——他们能够"运算"了,但这种逻辑思维还离不开具体事物的支持。

儿童在这个阶段具备了各种守恒观念，包括：体积守恒（把液体从一个高而窄的杯倒向矮而宽的杯中，或从大杯倒向两个小杯中，问儿童高窄杯和矮宽杯中的液体是否一样多，或大杯和小杯中的液体是否一样多），对应量守恒（8个杯子旁放着8个鸡蛋，儿童知道杯子和鸡蛋的数目相等，把杯子或蛋堆在一起时，再问儿童杯子和鸡蛋是否一样多），重量守恒（先把两个大小、形状、重量相同的泥球给儿童看，然后其中一个做成香肠状，问儿童形状不同的两个泥球大小、重量是否相同），长度守恒（两根等长的棍子，先两头并齐放置，让儿童看过之后，改成平行但不并齐放置，问儿童两根棍子是否等长），面积守恒（两个等面积的纸板表示草地，有一只牛在草地上吃草，草地上盖有牛舍14间，在一个纸板上牛舍是建在一起的，而在另一纸板上是分散的，问儿童，分别在两块草地的两头牛是否可以吃到一样多的草），体积守恒（把一张纸片假定为湖，上面的不同大小的方形是小岛，要求儿童在这些不同面积的小岛上建筑体积相同的房子）。守恒观念的建立对于儿童的学习尤其是数学等理科方面的学习特别重要。

儿童在这个阶段进入了学校，开始系统的学科学习，他们的逻辑思维能力将得到不断提高。学生将面对越来越多的概念，概念一定是抽象的，而且概念之间是有联系的。请注意，此阶段的逻辑思维是建立在"具体事物"上的，为了帮助学生理解概念，应为其提供具体形象的支持。如一二年级的孩子在进行加法计算时，往往需要数手指，这是因为抽象运算需要借助具体事物的支持。

这个阶段儿童的思维除了需要具体事物的支持，还有表面化、直接、简单等特点。如他们往往用非黑即白的思维进行判断，会在看电视时问"××是好人还是坏人"，会根据片段的信息作出简单而不够全面的判断，只能发现事物的表象而不能看到其本质。但我想提醒家长和教师，我们应当理解、尊重乃至欣赏这种状态，不要急于用成人的思想去笼罩、替代孩子的思想。卢梭在《爱弥儿》中写道：

大自然希望儿童在成人以前就要像儿童的样子，如果我们打乱了这个秩序，我们就会造成一些早熟的果实，它们长得既不丰满，也不甜美，而且很快就会腐烂，我们将造成一些年纪轻轻的博士和老态龙钟的儿童。儿童有他特有的看法、想法和感情，如果想用我们的看法、想法和感情去代替他们的看法、想法和感情，那简直是"很愚蠢的事情"。

在具体运算阶段，由于学校教育的实施，儿童的思维能力将获得极大的发展。但学校教育却是一把双刃剑，按照将儿童社会化的要求所安排的课程内容和课程形式，不一定符合儿童的思维发展规律，还有可能因模式化的教学而压抑了学生的想象力和创造力。因此，一方面我们要对学生的学习提出要求，另一方面也要注意观察学生的反应和学习能力，主动调整教学内容和教学方式。

（4）形式运算阶段（12岁以上）

此阶段的个体即使不依靠具体事物，也能对抽象的和表征性的材料进行逻辑思考。皮亚杰认为最高级的思维形式便是形式运算，其主要特征是这个阶段的学生有能力处理各种抽象概念，而不只是单纯地处理具体事物或形象。学生在此阶段已有能力将形式与内容分开，用抽象的运算符号来替代、表征具体事物。

按照学制，这个阶段的学生进入了初中。翻开初中生的课本，与小学内容相比，其理论化与抽象化程度明显提高，直观的表现就是出现大量的符号、概念、理论，明显的例子就是函数，一个函数可以表征无数种现实的具体情况。有些学习内容开始从一概念到另一个概念，纯粹利用逻辑、抽象、推理进行思考，已不需要具体事物的支持。在本阶段，家长和教师应注意提高学生以理解为核心的逻辑思维能力，让他们在是什么、怎么样和为什么等方面进行深入思考，这一点请参见前面第四章的内容。

需要指出的是，孩子的思维发展是量变和质变相结合的过程。一个孩子绝不是在7岁生日那一天就从具体运算阶段"突变"到形式运算阶段。其次，每个儿童思维发展的具体时间表存在差异，有的孩子发展到高一级的阶段早一些，而有些孩子晚一些。此外，在不同的认知内容上，思维发展的路径也会存在差异，有些内容，如阅读、音乐、绘画、社会性学习等进入形式运算的阶段会晚一些，而数学、物理可能会相对早一些。因此，在学生处于较低思维阶段时，应看到其高级思维的萌芽，主动促进其思维发展；在学生的思维处于高级阶段时，也要看到个体差异及不同思维维度之间发展的不平衡性，容许学生在某个局部保留低水平思维的特点。

皮亚杰的认知发展阶段理论提示我们：具有不同思维水平的孩子其学习能力是不一样的，就好像不同体力的人能负荷的重量不一样，这对教育教学来讲是多么重要的一件事！教师应该了解你所教的学生的思维水平和理解能力，这决定了你教给他们的东西他们是否能够吸收和理解，决定了教学的效率！建议教师多看一些儿童思维发展规律的研究资料，这对我们把握学生的学习规律、提高教学效率是有帮助的。

此外，儿童认知能力的发展不是一个"自然成熟"的过程，为孩子提供恰当的外部环境对儿童认知能力的发展至关重要。比如狼孩，其思维发展的停滞和低下就是因为缺乏适宜的发展环境。因此，抓住教育的时机不能被动等待，而要为学生主动创造发展的条件。作为父母和教师，主动引导孩子发展、为孩子提供恰当的发展环境是我们的责任。

在此我们要提到苏联卓越的心理学家维果茨基提出的"最近发展区"理论，维果茨基将其定义为"儿童实际的发展水平与潜在的发展水平之间的差距。前者由儿童独立解决问题的能力而定，后者则是指在成人的指导下或是与能力较强的同伴合作时，儿童能够解决问题的能力"。维果茨基明确指出了教学与学生发展之间的关系，教学促进学生发展，教学应该走在学生发展的前面。结合认知发展阶段理论，作为家长和老师，要关注学生当前的既有认知水平，还要重视、相信学生的潜能，形成合理的期望，并且以恰当的方式有效缩短学生既有水平与可能水平之间的差距，积极促进学生认知水平的发展和提高。

2. 人格发展阶段理论

著名心理学家埃里克森（Erikson）认为，人格发展持续一生，他把这个过程划分为八个阶段，这八个阶段是有顺序的，个体在每一个人格发展阶段都要面对和解决一个核心问题,问题解决得好,就算完成了这个阶段的任务,个体在这个阶段就会形成某种积极、健全的人格特质;反之,问题解决得不好,则会形成消极、不健全的人格特质,产生心理危机,出现情绪障碍,形成不健全的人格。

埃里克森的人格发展理论,为不同年龄段的教育提供了理论依据,有助于我们思考要培养学生哪些积极的人格特质,不同年龄阶段对哪些人格特质的形成和发展很重要,教师和家长如何在不同的阶段为学生解决该阶段的问题创设良好的环境并提供支持。埃里克森提出了八个人格发展阶段,以下介绍前五个阶段——0到18岁,在这个年龄段,孩子将经历快速变化的学前期和极为重要的基础教育时期。

(1)婴儿期(0~1.5岁),核心问题:能否形成基本的信任

如果认为此时的婴儿是一个不懂事的小动物,只要吃饱不哭就行,这就大错特错了。当孩子因为饥饿或不适而哭时,父母是否出现并给予满足和抚慰会影响孩子是否能建立信任感。信任在人格中形成了"希望"和"乐观"的品质,具有信任感的儿童对未来乐观积极、富于理想,反之则悲观消极,时时担忧自己的需要得不到满足。这个阶段的关键词是"希望",埃里克森将其定义为:"相信自己的愿望能够实现,有信心抵抗压力,'希望'标志着生命诞生的怒吼。"

(2)儿童期(1.5~3岁),核心问题:能否形成自主的品质

这一时期儿童掌握了大量的技能,如爬、走、说话等,更重要的是他们学会了坚持或放弃,也就是说儿童开始"有自我意志"地决定做什么或不做什么。这时候父母与孩子会发生冲突,也就是第一个反抗期出现了。一方面,父母必须控制儿童的行为使之符合社会规范,即养成良好的习惯,如训练儿童大小便、要求他们按时吃饭、节约粮食等;另一方面,儿童开始产生自主意识,坚持自己的进食、排泄方式,所以训练良好的习惯不是一件容易的事。这时孩子会反复应用"我"、"我要"、"不"来反抗外界控制。父母对此不能听之任之,放任自流,这将不利于儿童的社会化,反之,若父母过分严厉,又会伤害儿童的自主意识和自控能力。因此,把握好教导与支持之间的平衡,

才有利于儿童形成自主而又守规矩的品质。这个阶段的关键词是"意志"，埃里克森将其定义为："不顾不可避免的害羞和怀疑心理而坚定地自由选择或自我约束的决心。"

（3）学龄初期（3~5岁），核心问题：能否形成积极主动的品质

这一时期如果幼儿表现出的探究行为受到鼓励，幼儿就会形成主动性，这为他将来成为一个有责任感、有创造力的人奠定了基础。如果成人讥笑幼儿的独创行为和想象力，那么幼儿就会逐渐失去自信心，这使他们更倾向于生活在别人为他们安排好的狭窄圈子里，缺乏主动性和想象力。当儿童的主动性超过自我怀疑时，他们就有了"设定并追求目标"的品质。这个阶段的关键词是"主动"，埃里克森将其定义为："一种正视和追求有价值目标的勇气，这种勇气不因为可能的失利、罪疚感和对惩罚的恐惧而被抑制。"

（4）学龄期（6~12岁），核心问题：能否形成勤奋的品质

这一阶段的儿童开始在学校接受教育，学校是训练儿童适应社会、掌握今后生活所必需的知识和技能的地方。如果他们能顺利地完成学习任务，他们就会变得勤奋，这使他们在今后的独立生活和完成工作任务中充满信心，热情而又积极地生活，反之就会产生自卑。另外，如果儿童养成了过分看重学业成绩的态度，而对其他方面木然处之，这种人的生活是可悲的。埃里克森说："如果他把工作当成他唯一的任务，那他就可能成为自己的工作和老板们最驯服、最无思想的奴隶。"这个阶段的关键词是"勤奋"，埃里克森将其定义为："勤奋是不被挫折所削弱的、完成任务所需要的技能和智慧。"

（5）青春期（12~18岁），核心问题：能否形成自我同一性

一方面青少年发自本能的冲动会带来问题，另一方面青少年面临各种社会的要求和压力会感到困扰，这一阶段的危机是角色混乱，青少年面临的任务是建立自我同一性。简单地说，就是清醒的自我认识，了解自己是什么样的人，自己的人生目标是什么，如何朝向自己的人生目标。具有自我同一性的人能够将自己的多个方面如言与行、情感与意志、人生目标与生活方式等协调统一起来，同时将当下的自我、理想中的自我和他人期望的自我统一协调起来。如果

青少年感到他所处的环境剥夺了他在未来发展中获得自我同一性的种种可能性，他将以令人吃惊的力量抵抗社会环境。在人类社会的丛林中，没有同一性的感觉，就没有自身的存在，所以，他宁做一个坏人，或干脆死人般的活着，也不愿做不伦不类的人，这很有可能是学生在这个时期容易形成叛逆的原因。此阶段的关键词是"忠诚"，埃里克森把忠诚定义为："能坦然面对价值观中的各种矛盾，由已经建立起的自我同一性指导自己的人生的能力。"

中国若干顶尖大学设有少年班，招生对象是15岁以下早慧的少年群体，通过特殊的课程安排和独特的教育方式达到培养高科技人才的目的。这些少年班造就了不少杰出人才，如张亚勤（微软公司副总裁）、陈晓薇（前中华网总经理，现为九城总裁）、锁志钢（哈佛大学教授，2007年当选美国工程院院士时年仅44岁）、陈羲（2007年获得美国总统科学奖，现任哥伦比亚大学纳米力学研究中心主任）等等。

同时，也有一些学生的发展"出乎意料"。

宁铂。1978年3月，14岁生日还没过的宁铂走进中科大，成为首批少年大学生中名声最响的一个。事实上，宁铂入校后并不愉快，1年后他就告诉班主任汪惠迪："科大的系没有我喜欢的。"当时他被安排攻读理论物理。从1978年入校到2004年元旦后离开科大，25年里宁铂做过许多次离开的挣扎，无一成功。1998年，宁铂结婚生子，由于婚姻生活不和谐，他醉心于佛学。2002年，他前往五台山出家，很快被学校领回去。2004年，他"成功"遁入空门。

谢彦波。谢彦波入学时刚刚11岁，自理能力差，自视甚高，尤其不懂如何与人交往。传说他第一次走进中科大的校门时，还在滚动一个铁环玩。在朋友们面前，健谈而放松，但他似乎不懂得如何与决定其命运的人相处，由于没能处理好和导师的关系，博士学位拿不下来。谢彦波以硕士的身份接受了近代物理系教师的工作。他结婚后，没有什么积蓄，分到了一套楼下总是有人打牌的小房子。在持续不断的烦恼中，谢彦波终于憋出了心理问题。

干政。干政与谢彦波有惊人相似的轨迹：都是在普林斯顿学习，都是学理论物理，都是与导师关系紧张。回国后，中国科技大学物理系找到了干政，表示他可以回科大读博士。令大家惊讶的是，干政拒绝了。几年之后，在家赋闲已久的干政又表示想到科大工作，这一次科大没有同意。后来干政长期找不到一份合适的工作，他的精神状态时好时坏。最终，干政把自己禁锢在了与母亲共同居住的家里，与外界长期隔绝起来。

埃里克森的人格发展理论结合科大少年班个别学生的案例，给我们的启示在于：人格的发展很有可能也存在关键期，对孩子健全人格发展的关注丝毫不应少于对其智力和学习成绩的关注。这些少年班的学生进入大学是在11～15岁之间，根据人格发展理论，他们刚进入或正处在"青春期"，在这个阶段要解决的核心问题是"形成自我统一性"，即对自己有清醒的认识，他们要将当下的自我、理想中的自我和他人期望的自我统一协调起来。他们的智力是超常的，但这并不表明他们在处理自我同一性的能力上也超强。他们被赋予了太高的期望，来到了一个与他们的年龄不匹配的环境，在这个环境中无法像同龄人一样有机会解决人格和谐发展的问题，自我同一性的三维（当下的自我、理想中的自我和他人期望的自我）失衡，最终导致人格方面的缺陷。

3. 道德发展阶段理论

美国心理学家科尔伯格（Kohlberg）提出，学校道德教育必须促进学生道德判断能力的发展，而这与学生认知水平的发展有密切关系。他做了一个非常有名的实验，给不同年龄的儿童呈现道德两难故事，儿童的回答显示了具有不同认知水平的儿童其道德判断力也存在差异。

> 欧洲有个妇女患了癌症，生命垂危。医生认为只有本城药剂师新研制的药能治好她。配制这种药的成本为200元，但销售价却是2000元。病妇的丈夫汉斯到处借钱，可最终只凑得了1000元。汉斯恳求药剂师，他妻子快要死了，能否将药便宜点卖给他，或者允许他赊账。药剂师不仅没答应，还说："我研制这种药，就是为了赚钱。"汉斯别无他法，在晚上撬开药剂师的仓库门，把药偷走了。
>
> 汉斯应该偷药吗？为什么？

类似这样的道德两难故事及相应的问题呈现给儿童之后，根据儿童的回答可以研究他们的道德判断所依据的准则及道德判断发展水平。

下表所呈现的是不同认知水平的儿童针对这一问题所作出的典型回答,科尔伯格将其分为三种水平、六个阶段。

道德判断水平	阶段	道德判断特征	典型回答	
			不该偷的理由	该偷的理由
前习俗水平	1	以惩罚与服从为准则	偷东西会被警察抓起来,受到惩罚。	他事先请求过,又不是偷大东西,他不会受重罚。
	2	以交换和相互满足为准则	如果妻子一直对他不好,海因茨就没有必要自寻烦恼,冒险偷药。	如果妻子一向对他好,海因茨就应关心妻子,为救她的命去偷药。
习俗水平	3	以名誉为准则,也称为"好孩子"取向	做贼会使自己的家庭名声扫地,给自己的家人(包括妻子)带来麻烦和耻辱。	不救妻子会被别人谴责、看不起,是一个懦弱的人。
	4	以法律和秩序为准则	采取非常措施救妻子的命合情合理,但偷别人的东西犯法。	偷东西是不对,可不这样做的话,海因茨就没有尽到丈夫的义务。
后习俗水平	5	以法定的社会契约为准则	丈夫没有偷药救妻子的义务,这不是正常的夫妻关系契约的组成部分。	法律禁止人偷窃,却没有考虑到为救人性命而偷东西这种特殊情况。需要修正的是现行的法律,稀有药品应该按照特殊原则加以调控。
	6	以普通的伦理原则为准则	海因茨设法救妻子的性命无可非议,但他没有考虑所有人的生命的价值,别人也可能急需这种药。他这么做,对别人是不公正的。	为救人性命去偷是值得的。对任何一个有理性的人来说,人的生命最可贵,生命的价值提供了唯一的、无条件的行为动力。

这个实验在多个国家实施的结果表明，儿童的道德判断具有跨文化的一致性，而且与儿童的年龄和认知水平的发展是一致的。该理论提示我们：道德认知的发展是连续的、按照由低到高逐步展开的过程。道德发展各阶段的时间长短不等，个体之间的道德发展水平也有较大差异，有些人可能只停留在前习俗水平或习俗水平，而永远达不到后习俗水平的阶段。

当前学校中的德育缺乏实效，一个重要的原因就是德育内容和德育形式与学生的道德认知发展水平不匹配，德育内容大而空，给学生灌输一些他们根本不能理解的大道理。认识学生的道德认知水平，并不是被动地迁就学生的既有状态，而是在学生既有水平上的基础上辅以恰当的德育内容和德育形式，积极、主动地提高其道德认知水平。在这个过程中一定要注意观察学生的反应，判断其是否真正理解了所呈现的内容。

总之，孩子不仅有智力的发展，有个性的发展，还有道德的发展。这些发展都存在一定的规律，只有依据这些规律优化教育内容和教育方式，才能够取得最好的教育效果。

在这一章的最后，结合成熟、关键期、印刻、认知发展阶段理论、人格发展阶段理论和道德发展阶段理论，我们尝试回答本章最初的问题"孩子会输在起跑线上吗？"

如果我们承认学生诸多方面的发展有一定的规律，成熟和关键期对教育的实施及其效果有重要影响，那么就会有"起跑"的问题。"起跑"的心理学意义就是在关键期让学生获得恰当、充分的发展，即在某个时段要启动学生在某个方面的发展，此时家长和教师要为学生该方面的发展创造适宜的环境条件，如果此时学生没有"起跑"或"起跑不利"，很有可能使其后续的发展受到损失。关于"起跑"，有三个方面需要考虑：

第一，起跑时机的问题。儿童的发展是一个系统工程，包括智力、人格、道德等多方面的发展。从目前的研究成果来看，对这些方面的发展只能勾勒一个大致的路径图，并没有一个准确的时间表，而且由于个体差异，我们无法明确地知道每个学生在什么时间哪个方面的发展需要启动。同时，学生某个方面发展的最佳时机也不是一个时刻，而是一个时段，只不过有些方面发展的最佳时段短一些，而有些方面发展的最佳时段长一些。因此，教师和家长可以多关注有关学生发展时机的研究成果，以便尽可能准确地把握学生发展的最佳时机。例如，已有研究表明孩子数量意识的形成和发展比我们以往认为的要早得多，孩子在2~3个月时就具备了分辨数量多少的意识和能力，在此阶段有意识地向孩子呈现物体的数量变化，并且与孩子视觉、听觉和触觉的发展联系起来，对孩子的数量感知的发展是很有帮助的。

第二，起跑方法的问题。在学生发展的关键期，教师和家长要考虑如何促进学生有效地发展，如何设置适宜的发展环境，例如，根据皮亚杰的理论，认知发展要经历四个阶段，每个阶段的发展任务不同，教育教学方法相应地也要不同，教师和家长可参考更多有关这方面的材料，用适宜、高效的方法促进学生的认知发展。学生的人格和道德社会性的发展也是这样，不同的年龄和阶段有不同的发展任务。学生多方面的发展是非常复杂的，当前的研究成果还不能非常细致地对学生各方面的发展设置最佳方案。对此我们的建议是，就像我们的日常饮食要全面均衡、不能单靠某种维生素一样，促进学生的发展可参考本书前面的章节——"读书、体验与实践"，给学生创设一个综合性发展平台，随时为学生提供良好的"启动"条件，促进其多方面的有效发展。

第三，起跑力度的问题。童话大王郑渊洁曾对"起跑"的问题发表过自己的看法："输在起跑线上"只适合短程竞赛，例如百米赛。如果是马拉松那样的长跑，就不存在输在起跑线上的担忧。相反，马拉松比赛时赢在起跑线上的运动员，往往由于没有保存体力，导致起个大早，赶了晚集。长跑的要诀是保存实力，这和孩子学习知识的道理一样。

学生整个人生的发展就像一场马拉松比赛，我们前面也提到"起跑"是一个时段而不是时刻，因此要考虑学生"成熟"和"后劲"的问题。在学生起跑的时候，不能心急贪多，要意识到即使是起跑也要经历一个过程，这个过程中也有适应和成熟的问题。例如，3岁之前是学生语言发展的关键期，此阶段进行一些言语训练是很有价值的。但是用多大的训练强度和难度、用什么样的训练形式以调动孩子的兴趣、如何处理语言发展和其他方面发展的关系等等都要通盘考虑。如果教育方式不恰当，对学生强塞硬灌，不但无法促进孩子语言的良好发展，还会破坏孩子学习的动力。同时，如果在语言训练上花太多的时间，就有可能压抑孩子其他方面的发展。

在基础教育阶段，课堂是实施教育教学、实现教育目标的主渠道。因此本书的最后一章将分析"什么样的课堂能够吸引学生"，以此作为本书的落脚点，因为优质的课堂几乎蕴含了本书中提到的所有教育教学的原理和策略。

教育教学启示

1. 有效的教育教学必须基于孩子身体或智力方面的成熟，要认识、尊重孩子的现有水平，在发展的某个方面尚未成熟之前，要耐心地等待，不要不顾孩子发展的"时间表"盲目地期望通过训练加速孩子的发展。

2. 孩子的发展存在关键期，在身体或智力某方面的发展存在最佳时机，处于这个时期该方面的发展效率最高。但是，不是到了这个时期孩子就会自动发展，家长和教师要为孩子的发展提供合适的环境和条件。

3. 根据皮亚杰的认知发展阶段理论，孩子的认知发展由低到高要经历四个阶段：动作感知阶段、前运算阶段、具体运算阶段和形式运算阶段。每个阶段孩子有不同的认知能力和认知特点，教育教学要适应学生的认知发展水平，并促进学生在现有水平上的提高。

4. 根据埃里克森的人格发展阶段理论，学生在不同的年龄阶段有不同的发展任务，每个阶段都有需要解决的核心问题。问题解决得好，就会形成积极、健康的人格。教师和家长要根据孩子不同阶段的发展任务，为孩子提供有效的支持与引导。

5. 孩子的道德认知发展要经历三个水平、六个阶段。教师和家长要在孩子既有水平的基础上辅以恰当的德育内容和德育形式，积极、主动地提高其道德认知水平。在这个过程中一定要注意观察学生的反应，判断其是否真正理解了所呈现的内容。

10 什么样的课堂能够吸引学生
——优质课堂的核心要素

> 王老师是一个从教 5 年的小学老师。经过几年的教学，王老师发现自己处于"瓶颈期"了，在教育教学的多方面已经积累了一些经验，但还有相当多的问题解决不了，如怎么提高学生的学习兴趣，怎么应对班上的几个"特殊学生"，能否用更温和、更人性化的方式代替强硬的方式管理班级而又不致混乱，什么样的课堂更吸引学生？王老师觉得自己有必要对此进行深入的思考并"重新出发"了。

在基础教育阶段，学生有 12 年的时间要在课堂里度过。课堂教学的质量不但决定了学生的学习成绩，而且对学生方方面面的发展都有重要的影响。

什么是优质的课堂？下面我们从教育心理学的视角来探究怎样的课堂是高效的并且能够吸引学生。

1. 安全与规矩

美国的两个年轻人芬博格和莱文创建了 KIPP 学校（Knowledge Is Power Program，知识就是力量）。KIPP 学校在美国成功上演了一个"知识改变命运"的传奇。KIPP 学校的生源总体基础很差，但学习成绩提高幅度远远高于当地学区的其他学校（杰伊·马修斯著，李茂译：《每个孩子都爱学》，华东师范大学出版社 2011 年 10 月）。以下是他们刚创建这所学校时课堂上的一个场景。

混乱不堪的课堂，完全是无政府状态，孩子们在走廊里上蹿下跳，没有几个人做家庭作业，教室里噪声持续不断。昆西，虽然在读 6 年级，但身高将近 1.8 米，总是气急败坏、桀骜不驯的样子，还取笑、羞辱其他孩子，而且他从不理会老师对他的制止。那天，昆西像往常那样在教室里晃来晃去，不时地骚扰其他同学。"坐下，昆西。"莱文说。昆西完全就当莱文没有存在一样。"赶紧坐下！"仍没有反应。莱文再也受不了了，他从教室中间走过去，来到这个男孩身边，双手抓住他的腋下，把他整个人举起来，一直把他带到他的座位上用力一扔。

莱文注意到，昆西被放回他的原位后，全班学生明显安静下来。这个男孩是个欺凌弱小者。莱文在想，是不是由于自己平时未能很好地保护其他孩子免受昆西的伤害，才造成班里时不时都有紧张的气氛。

自此以后，在莱文和芬博格的课堂上，没有什么过错比伤害他人更严重的了，仅仅是取笑他人也是绝对不允许的。

安全是教学的基础，也是教学的开始。确实，没有什么比创建一个安全的学习环境更重要的了，尤其对于那些学习成绩不够好、比较混乱的班级而言。安全是所有人的第一需要，课堂首先必须是安全的，学生才愿意待在那儿。在课堂里，安全有以下含义：

（1）每一个学生都不会在身体或情感上受到威胁或攻击

在一个班级中，可能有几个学生显得比较强硬乃至霸道，如果他们在身体或情感上攻击其他学生，不仅会给其他学生造成伤害和恐惧，让学生们害怕待在教室里，害怕到学校，无法安心学习，还有一个更严重的后果是学生们会认为这个班里的规矩是由这些"恶人"制定的，其他正当的、应当遵守的规矩可以被忽视。无疑，这是引起班级混乱很重要的原因。

有时学生受到的攻击还会来自教师，这是最令人失望的。教师在身体和情感上攻击学生说明教师已无法用专业的态度和方法对待学生，这不符合教师的专业身份，无法实现纳税人对教师作为一个专业工作者的期望。教师攻击学生实际上是给学生树立了一个糟糕的榜样，会引起班级的混乱和不安全感。

（2）每一个学生都不会因为自己的任何特征而被嘲笑或歧视

以下是我的学生曾晓星在作业中提及的一件事：

> 我记得那是我上一年级时的一个早晨，轮到我打扫教室门前的包干区，我无意中听到班主任和一个校领导在不远处讨论事情，这是我人生中听到的最肮脏的东西。班主任说："我们班的H，我觉得她智力有点问题，大家都考九十多分，她只能考六七十分，她实在是拉我们班平均分太多了，能不能算平均分的时候排除她？"领导询问了几句后好像是同意了。我的心里明白，H绝不是智力低下，她只是因为单亲家庭和没上过幼儿园等种种原因，接受的基础训练没有我们多。她不懂要排队，不懂上课要坐端正，也没学会认真听讲，一开始她当然会跟不上！之后的考试，班主任真的把她的成绩排除在外了，当我听到班主任喜悦地向大家宣布"排除H，我们班这次平均成绩非常好，年级第一"时，我心里有说不出的酸楚。

这是在教育的殿堂里做反教育的事情！孩子因为成绩不好而受到歧视，因为长得不好看、个性不讨人喜欢、不讲卫生、家庭背景不好等等都有可能受到歧视，这确实如曾晓星所说，是"最肮脏的东西"！

一旦歧视在课堂里发生，其结果是很可怕的。歧视往往是多数人在嘲笑少数人的同时表达自己的优越感，而人本能地害怕成为少数或弱势群体，不知道哪一天自己会因为某个特点而成为被嘲笑的人,于是人人自危,因而会有更多的人加入到歧视别人的队伍中,以显示自己在主流人群中,这是造成课堂动荡、不安全的一个重要因素。一个充满歧视的环境,每个人都感到危险,都很难生活得自在、有尊严。因此,教师对这样的现象要高度关注,绝对不能允许班上的任何一个学生因自己的某个特点而被嘲笑、被歧视。

有时对年龄较小的孩子来说,他们嘲笑同学是因为好奇心,对此教师可大大方方地让同学们观察、熟悉同学某个"与众不同"的特点,从而避免学生被嘲笑。有时教师还要主动引导学生,让他们对弱势学生表达温暖与友善,这也是培养学生善良品质的好机会。

(3) 每一个学生都可以自由表达自己的想法

我的一个学生在上幼儿园的时候特别想上学,有一天姑姑问她:"要是奶奶病了,家里的钱要么给奶奶治病,要么给你上学,你怎么办?"这个学生想了想说:"我要上学。"在场的亲戚们听了之后哈哈大笑,姑姑开玩笑地对奶奶说:"看看,你疼她有啥用,白疼了吧,你生病了都不给你钱。"这个学生至今对十几年前发生的这件事耿耿于怀,她当时觉得非常难堪和难受,她觉得自己从这件事之后说话就变得很小心谨慎了。虽然我们能理解姑姑当时是在开玩笑,但这确实让一个小孩子渐渐封闭了自己的心扉,因为她觉得某种表达是不安全的。

这里所说的表达不仅指口头言语表达,还包括作文、解数学题、撰写实践性报告、手工制作等等。在不同的立场、不同的时间,对一件事就会有不同的看法。因此,让学生自由地表达,让他们听到不同的声音,这本身就是非常有价值的学习。学生的很多想法或许显得幼稚、不成熟,但这是他们成长和发展必然要经历的过程。教师和家长要尊重乃至欣赏他们的想法,鼓励学生自由表达,不要总是用成人的思想去控制学生的想法。

(4) 每一个学生都有犯错误的权利

犯错误、改正错误是每个人成长的一部分,世界上没有哪个人不犯错误,更不用说一个未成年的学生。学生犯错误有三种:

一种是无心之错，对此只需让学生明白错误的后果，注意下次不要再犯即可，有时对犯错的学生还要加以安抚，避免其心理压力过大。

第二种是知道规矩而存侥幸心理的犯错，这往往需要教师了解学生为什么要冒险犯错，这样的学生就像"中间派"，教师要用温和、鼓励、信任的态度将这样的学生"拉"回来，对此不建议用"高压"的方式，否则引起学生的逆反心理，可能反而迫使学生成为自己的对头。

第三种是故意犯错，而且态度强硬。这样的学生可能是因为积习，也可能是因为现实的压力和矛盾而犯错。对这样的学生，千万不要用强，因为他一定已经做好准备与教师对抗了。教师要认识到这样的学生软弱和自卑的一面，他们很有可能在学业上失败，并且发现自己一无是处，因而自暴自弃，他们的内心对自己是极度失望的，他们很可能自己都看不起自己。教师要努力找到学生的闪光点，给他们信心，帮助他们在某一点获得进步或成功，一旦获得一点进步就热情鼓励，培植他们的自尊心，使得他们因为自尊而不再或减少犯错。

总之，每一个学生都有这样或那样的问题，给学生一个安全的环境，让他们知道在犯错误时老师不会放弃他们，也不会歧视他们，这才是学生有勇气改正错误的前提和基础。

（5）每一个学生都可以坦承自己的弱势

没有十全十美的人，每个人都有可能在某个方面与他人相比处于劣势，如成绩不好、算数差、运动能力弱、不会画画、唱歌跑调等等。根据心理学的研究，从事一项活动的动机有两种，一种是获得成功，另一种是避免失败。获得成功的动机是主动的、积极的，学生的努力是朝向这个活动本身的，即使结果失败也能坦然接受；而避免失败的动机则出于自我保护，不想让自己的弱点暴露出来，或者怕丢面子，或者怕被惩罚，这样往往会产生焦虑，失败的结果会给学生很大的打击。

在一个安全的环境中，学生能够大大方方地认识到自己的不足，并且能够在获得成功的动机的驱动下主动追求发展以获得改进，这样的环境还有助于学生坦然承认并欣赏他人的优势。而在一个不安全的环境中，如，过于强调竞争，学生就会以避免失败的动机学习，表面努力学习，内心却可能憎恨、害怕学习，即使获得成功也不会觉得欣喜，只会松一口气，"好险，没丢脸"，而一旦失败则会受到巨大的打击。

因此，在一个安全的课堂中，教师要让每个学生知道，他们对自己的任何不足都不必遮掩，还可以提出来寻求帮助，这样做也不会受到老师和同学的轻视，相反，坦承自己的不足并且主动改进是值得赞赏的。在这样一个环境中，学生会觉得安全，可以将全部精力放在不断的改进上。

创建安全的课堂就要设立一定的规矩并且逐步引导学生遵守规矩。规矩绝对不是挂在墙上却没人在乎的东西，而是学生认可的，并且知道这些规矩应该并且可以"保护"他们、让他们处于一个安全的环境。这就好像当少数人违反社会公德大家会谴责他们一样，因为这些规矩在保护我们大多数人。因此，教师一定要让学生感受到规矩的价值和积极结果，千万不要制定规矩用来"对付"学生。

2. 期望与高标准

KIPP学校八成的学生来自低收入家庭，95%的学生是黑人或拉美裔人。22个城市的28所KIPP学校的1400个学生，阅读平均成绩的百分位得分从5年级的34上升到7年级的58，数学平均成绩则从44上升到83。在这之前，从来没有哪一个项目能够让这么多低收入家庭的孩子取得如此显著的进步。

KIPP学校能做到这样的核心就是"高标准，严要求"。一个孩子因为看电视耽误学习，老师在家访后直接把学生家里的电视机搬走！KIPP学校和家长签署协议——课后增加补习时间，假期也要补习。这一切为了什么？为了每个孩子的未来！重要的是，这种做法表达了学校和老师对学生的期望，在向学生传递信息——我相信你能做到，你能做得更好。

老师要相信每个学生内心都有一个梦想，想要做得更好，教师需要做的就是帮助学生发现这个梦想并且能够梦想成真。要做到这一点，最好的方法就是表达你对学生的期望。在此我们要提及一个重要的心理学实验：

美国著名心理学家罗森塔尔把一份随意拟定的学生名单交给教师，

说这些学生是被他鉴定为很有潜力、天资聪慧的。教师对此深信不疑，无意中对名单上的学生特别厚爱。8个月后，凡被列入名单的学生，不但成绩提高很快，而且性格开朗，求知欲望强烈，与老师的感情也特别深厚。这个实验被称为"皮格马利翁效应"。

皮格马利翁是希腊神话中的塞浦路斯国王，善雕刻。他用神奇的技艺雕刻了一座美丽的象牙少女像，在夜以继日的工作中，皮格马利翁把全部的精力、全部的热情、全部的爱恋都赋予这座雕像。他像对待自己的妻子那样爱抚她，装扮她，为她起名加拉泰亚，并向神乞求让她成为自己的妻子。爱神阿芙洛狄忒被他打动，赐予雕像生命，并让他们结为夫妻。

因此，教师对学生热切的期望能够产生奇迹，教师因为相信学生能成功、能做得更好而对学生给予更多的关注，以更高的标准要求学生，这都会真正激发学生的学习动机。

我的学生张新作业中的一个案例让人感慨。

初三时，我是一个"差班生"。那一年，学校生源特别好，需要从每个班抽出5名学生，组成一个新的班级。当我茫然地抱着书本，走到新班级的门口，看到的是讲台上陌生的老师和下面抽泣的女生们。我顿时明白了，说是随机抽签，但新班级明显是学习不好以及经常违纪的学生的集合。瞬间我也哭了，因为觉得自己遭到了"暗算"，一些道貌岸然的老师的暗算。之后，很多同学要求换班，学校却以"公平"的名义压了下去，后来一个女生换走了，原因众人皆知，她爸爸是银行行长。这时，我明显感到班上本就不守纪律的同学又多了一分叛逆。

这个班可谓相当辉煌，一个学期换了三个班主任，班会由校长亲自来开。代课老师也瞧不起这个班的同学，历史老师每次讲课前的第一句话总是"第一排的趴下继续睡觉，两边的和后面的说话不要让第三个人听到，第二排中间的四个同学，我们开始上课……"不管别人怎么看不起这个班级，但是我们却很团结，因为我们被外界的压力"挤"在了一起。半年来，一起被老师鄙视，一起被校长训话，一起面对别的班同学的不屑，我们就如同瘟疫一般，大家避之唯恐不及。最终因没有人愿意当班主任，这个班被迫解散。还是那个老套的方法，其他班班主任抽签，每人抽五个。如同我们哭着聚在了一起，这次我们又哭着散去，只是前后的感情大不一样。后来，听一个同学说，我们班被拆散的时候，那些老师争相想要抽中我们班第二排的四位同学，比试看谁的运气好。我咧嘴一笑，虽然我是四位学生中的一个，但这笑中只是无奈与鄙夷。在我和另外4位同学分到的那个班，第一堂课，我们还没从悲伤中缓过来，老师就开始提问我们了，我们没答上来，然后是一顿臭骂"你们那个班过来的学生自己不学，不要影响我们班……"我们只是冷眼看着，麻木地听着，因为早已经习惯。后来这个班的老师因为我的成绩不错，可以提高"他们班"的平均分，所以纷纷对我加以关照，对此我微笑面对，心中冷然识之。

这个学生算是幸运的，后来上了中国很好的大学，有了一个光明的未来。但我们不敢想也不愿想，有多少学生因为这样的课堂而远离学习、远离学校、远离美好的未来。这个班学生的遭遇中最让人感到难过的是他们失去了老师的期望，他们也失去了对自己的期望，他们在那么小的年龄就开始放弃对美好未来的想象和努力。

学生为什么认真地写作业，为什么认真完成教师交给的任务，为什么在遇到困难和挫折时能更加努力，因为他们以高标准要求自己，因为曾经成功过，所以他们会为自己设立一个"标杆"，以此来要求自己。所以，教师一定要帮助学生获得成功，这在本质上提高了学生的自我效能感，成功的经验是自我效能感最重要的来源，教师永远不要忽视学生的努力，不要忽视他们取得的哪怕一点点的成功。通过成功经验形成的自我效能感具有迁移和泛化效应，比如，学生在运动方面的天赋被他人欣赏，有可能转化成学生在其他领域的效能感；学生在物理方面的优势被肯定，这种自信有可能迁移到化学学习中。

根据心理学理论和教学实践，树立榜样进行"替代强化"，也是一个表达期望、设定高标准的有效的方法。替代强化指学习者如果看到他人成功的行为、获得奖励的行为，就会增强产生同样行为的倾向；如果看到失败的行为、受到惩罚的行为，就会削弱或抑制发生这种行为的倾向。比如成语"见贤思齐"，就是替代强化的一种表现。

有一次我给幼儿园园长做培训，培训方要求每个学员都要提交一份作业。我宣布这一任务时大部分园长都表示不太想写，即使写也可能是凑合的。我说没关系，你们以案例为基础，有则多写，无则少写。第二天有13人交了作业，我逐一地和大家分享每一篇作业，每篇作业都进行详细点评，有三篇作业被作为重点推荐，我真诚地表达了我的赞赏。当天上课，就有一名园长交了作业，写得很认真、很好。她说看大家写得那么好，她的"斗志"也被激发了。

我给北京师范大学的本科生上课，刚开始有些学生对课后作业也采取应付的态度，我采用的是同样的方法，绝对不批评不认真的作业行为，而是分享、表扬写得认真的作业。学生们受到"榜样"的激励，他们知道自己也有这样的实力，甚至能做得更好，后来学生的作业大部分都写得很好，这也是为什么在这本书中我们能分享许多我的学生的精彩作业的原因。

3. 高效又有趣

北京二十二中教师孙维刚的学生中有55%考上了北大和清华，对北京一所生源中等的学校来说，这真是一个奇迹。更重要的是，上顶尖大学只是学生在课堂中收获的一部分，孙维刚对学生人品、个性的培养同样重视，取得的成就同样了不起。《北京青年报》报道了孙维刚的事迹（《55%只是冰山一角》，《北京青年报》2002年3月10日）。听孙维刚的课，他可以从小学算术给学生讲到初中代数、高中代数，一直跑到高等数学的边上。他在数学课上融进了物理、历史、军事、哲学、交响乐、唐诗、天文知识。听这样的课，学生们哪里会烦？哪里还有心思说笑、打闹、做小动作？

讲解三角形内角平分线性质定理，许多老师只选一种方法证明它是正确的即可。但在孙维刚的课上，他却"逼迫"孩子们想出24种证法。可以这样说，在孙维刚的课上，几乎每道例题、每个定理、每个公式，都是他引导学生自己动手去解答和证明的。

孙维刚的数学课是"三无课"——课前不用预习，课上没有笔记，课后没有作业。孙维刚从不回避升学率，更不回避能有多少人上清华、北大。他常常说，在现代社会里，大学是一定要上的，而且要上一流的大学。当学生的智力素质提高的时候，在考试中取得好成绩，将是必然的副产品。相反，把学习和中考、高考成绩拴在一起，又不肯走深刻理解、扎实掌握知识、培养能力、提高素质的道路，便只能采取"题海"战术，造成学生过重的负担。

我想孙老师的课堂最明显的特点就是高效又有趣。高效与有趣就像鸟的一双翅膀，对于优质课堂来说缺一不可。这就像一道做得好的菜，它首先得有营养，还得好吃。有营养不好吃的菜，顾客不会选择它，其营养自然无法被吸收；而好吃没营养的菜在某种意义上是欺骗了顾客，他们花了钱吃的却是对身体无益乃至有害的东西。

因此，课堂的高效意味学生所花的学习时间、为此付出的努力是值得的；课堂的有趣意味着我们不但在乎学习的结果，还在乎学习的过程是否愉快。几乎所有的孩子都喜欢游乐园，他们在游乐园玩一天一定非常疲劳，但他们却乐此不疲，因为前一个疲是身体的疲劳，后一个疲是心理的厌倦。因此，学习也许是艰苦的，但不应是痛苦的和令人厌倦的。有趣的学习过程能够让学生更加投入学习，焕发更强的学习动力，这不但能够提升教学效果，还能让学生亲近学习。

构建高效与有趣的课堂依赖以下几个因素：

（1）教师有深厚的学科素养

打铁还要自身硬，毋庸置疑，在所教的学科领域，教师必须是"专家"，有深厚的学科素养。学科素养一般说来包括三个层次。一是具体的学科知识，二是学科思想方法，三是一般思想方法。以历史学科为例，教师要有丰富的历史知识，有足够宽广的知识面和足够深厚的知识储备，而且这些知识不是散乱地、片段地存在于头脑中，而是知识之间形成了相互的关联。教师需要把握历史学科独特的学科方法，包括史实的记忆方法、史书的阅读方法、史料的收集、鉴别与分析方法等等，这些方法的应用使得历史学习能够"史由证来，政史合一；史论结合，论从史出"。教师自身还应是一个善于思考的人，有较强的观察、记忆、理解、应用与创新能力。

(2) 教师能以符合学生认知水平和兴趣特点的方式授课

教师能深刻把握学科知识当然重要，但教师如何将其进行加工并呈现给学生更重要。这就好像一个游泳教练往往是游泳运动员出身，因此他们一定有较高的游泳水平，但这不足以让他们成为一名优秀教练，因为他还必须将游泳运动及学习游泳的规律总结出来，并采取恰当的方式教给他的队员。

在此要提及一个心理学概念——认知结构，它指学生当前的知识基础和知识组织方式。新知识的学习相当于改变这种结构，这个过程不是教师抹掉学生的知识结构，再将新的知识结构移植到学生的头脑中。简单的复制和搬移是没有根基的，这样的知识结构也必然是不稳固的。因此，教师需要做的是帮助学生在其已有知识结构上"生长"出新的结构，这样"新知识"才能真正被学生消化并成为其认知结构中有机的组成部分。这就好像要盖第二层楼，必须先了解第一层楼的结构，进而决定如何将第二层楼盖在第一层楼上。

前述案例中音乐教师在让学生欣赏一首几十年前创作的歌曲时，先让学生朗读、理解歌词，再让学生作画，然后让学生欣赏这幅画，这样就使抽象的歌词及其意境与学生的已有经验相联系，从而与学生原有的认知结构匹配起来。所以，教师要促进学生的学习，一定要了解学生已有的知识结构，然后以学生可理解、可接受为目标，将新知识经过一定的"转化"匹配到学生已有的知识结构上。

"打比方"、"举例子"是将所学知识与学生认知结构相匹配的重要而又有效的方法。

我的学生，历史学院的马宁，在作业中写道：

在中学阶段，我遇到的所有的历史老师都没有给我留下什么特别深刻的印象，一般都是照本宣科，死板得很。中央电视台科教频道的《百家讲坛》栏目，我有时间就会看看，收获不少。高二暑假的时候，袁腾飞老师在《百家讲坛》主讲了"两宋风云"，内容十分有趣。

比如，讲到唐代科举考试中明经科和进士科的区别，袁老师是这样给学生解释的：明经科就是填空，子曰什么而时习之，你填一个"学"字就完了。明经好考，所以考上之后也做不了大官。进士就特别不好考，诗词曲赋、时务策、国家大政方针，该不该办奥运，你得写一篇论文。

再比如，讲到清末的主昏臣奸，袁老师便以光绪皇帝每日吃鸡蛋却在鸡蛋价钱上被蒙骗为例：一个鸡蛋是3文到5文铜钱，结果内务府给皇帝报账说26两银子一个，26两银子是多少个铜钱呀？2000多个铜钱是一两银子，那26两你算算是多少？皇上一天要吃6个要多少钱？26乘以6再乘以2000，然后除以3或者5你算算能买多少个鸡蛋？这些鸡蛋打碎了皇上能在里面游泳！

在这个案例中，袁老师分别用了打比方、举例子的方式，真正做到了深入浅出，令人印象深刻。打比方、举例子的实质是在新旧知识之间建立了一个桥梁。打比方时，新知识和旧知识分别是被参考、对比的两端，而旧知识是学生已有认知结构的一部分，如果这个比方是恰当的、学生能够理解的，那么新知识借由这个比方就"生长"在已有的认知结构上了。

学科中的诸多新知识对学生来说往往是相当抽象而难以理解的，而举例子通过一件更为具体、学生熟悉的内容给新知识以注解和说明，从而降低了学生理解的难度。

（3）教师有幽默感

幽默是一种机智，是压力和枯燥学习中的调味品，是人际关系的润滑剂。幽默能给人们带来轻松和欢笑，消减矛盾和冲突，缩短人与人之间的距离。善用幽默的教师不仅受人喜爱，还能让教与学变得轻松有趣。

一个语文老师为了强调词汇积累的重要性，对全班同学说："一个词用10遍，这个词就会跟随你一辈子。"教室后排的一个女生忽然念叨起来："谢霆锋、谢霆锋……"作为一个老师，碰到这种情况你会作何反应？如果是一个有幽默感的老师，可能会和同学们一起哈哈大笑，然后接着该干吗干吗，或者干脆跟学生披露一下自己上学时的偶像。这么一两分钟的小插曲之后，老师和学生们一定会觉得心情焕然一新，接下来的课学生也许更能够集中精力。从这个角度来看，还应该感谢这个女生呢，是她创造了一个让大家轻松一下的机会。

幽默不是油腔滑调，也非嘲笑或刻薄。浮躁难以幽默，装腔作势难以幽默，钻牛角尖难以幽默，捉襟见肘难以幽默，迟钝笨拙难以幽默，只有从容、超脱、机智、聪明、透彻才能幽默。

每个人都有幽默细胞，我们在和朋友相处时的幽默、机智同样可以运用在课堂上，前提是你要敞开心扉，把学生也当朋友。此外，教师可以看一些古今中外的名人轶事，包括他们的演讲，看看他们如何发挥幽默的力量。你会发现上至一国的总统，下至一个公司的经理，在演讲的时候都善于将严肃的主题置于幽默的氛围中。教师还可以在生活中发现幽默的灵感，如电视中的访谈和综艺节目，可以比较一个优秀的主持人和一个蹩脚的主持人，看他们在展现幽默方面有怎样的差别，他们如何与嘉宾互动，如何把握话题的深浅，如何把握节目的节奏等等，这些对提高教师的幽默感一定会有帮助。

（4）教师要有意识地调动学生的学习积极性

前述徐英杰老师谈到他帮助学生成功的经验时说：

> 最重要的就是始终围绕如何调动学生的学习兴趣，让他们走上自主学习的道路。我认为，兴趣为师，如果是外界强加的，就很难保证学习的效果。很多学生打游戏成瘾，但是学生玩游戏没我快，我一会儿就能通关，为什么？我也不是真打，是用"作弊器"。学生爱玩什么游戏，我就帮他把游戏打到头，这样他看到了结果自己就觉得没意思了。然后我问学生，游戏你玩够了，自己编程做个游戏怎么样？学生很感兴趣。游戏中小人上下左右走，怎么走，能不能自己设计？讲编程的时候我就给他们找这类素材让他们编，通过这样的方式把编程的思路应用于游戏制作，这样他们做出小游戏后会很有成就感。
>
> 很多学生在学习中总爱提出这样的问题："学这个有什么用？"所以，不管讲什么东西，我都告诉学生，这个以后有什么用。也许有的知识没有直接的用途，但可以为那些以后的应用铺好道。学生就明白了："哦，现在学这个没用，但以后有用。"
>
> 只要讲课的内容能和实践挂钩的，就都和实践联系在一起。比如讲

数制概念，就用游戏"作弊器"的例子；讲电路应用，就让学生做收音机；讲数字电路，就做个万年历；讲集成电路的时候，就做个遥控器。此外，我还会带着学生做学校机房管理的实践锻炼。当年学校机房设备更新，我带着学生用买回来的机器散件组装电脑。这些知识课上都讲过，但学生没有实际做过，我就一个一个带，告诉他们这个部件怎么拆怎么放、怎么放静电、怎么摸主板，然后示范、组装、调试。

徐老师的可贵之处在于，对这些职校的学生，不管他们的基础怎样，不管他们现在的行为习惯怎样，他有一个信念，我是他们的老师，我就得想办法让他们学习。徐老师将学习内容置于游戏、收音机、网站、万年历、遥控器的制作中，让学生通过这些贴近他们生活、他们感兴趣的活动来积极主动地学习。

一个专业厨师不会埋怨顾客不喜欢他自认为美味的菜，顾客凭自己的口味而表达对一道菜的好恶是正常而又合理的，他们没有义务迁就厨师，而厨师则有责任了解并适应顾客的口味。因此，想办法调动学生的学习积极性，这是每一个专业教师的职责，也是高效课堂的要素。

(5) 教学方式丰富而又灵活

每个学生的学习方式都是不同的，有的学生视觉有优势，有的学生听觉有优势，有的学生理解抽象概念有优势。最有效的学习就是适合学生学习方式的学习，这就要求教师的教学方式要丰富而又灵活。

我曾给民工子弟小学的学生上综合实践课。第一节课非常糟糕，他们不喜欢，也不习惯坐在座位上安静听课，课堂非常混乱，最后我几乎要放弃了。那节课有一个教学环节，我给学生们一个包含十道题的问卷，在他们回答完后我把每道题裁下来，交给一组学生，让他们用我教的方法进行统计。这个环节让我很惊讶，学生们对于这种需要动手、需要合作的事情很投入，而且还做得不错。这启发了我，不是他们不爱学、不能学，而是他们有他们喜欢的方式。

第二次课，我决定我要少讲而要让他们多做。我问他们是否愿意向别人介绍他们的学校，他们表示愿意。可是这些学生的表达能力较差，如果让他们用一般的写作文的方式介绍的话，效果肯定不好，他们也一定不喜欢写作文。我就和我的师范生们每个人带了一个数码相机，让学生用相机把他们想要介绍的地方拍下来。这之前我给他们发了一篇文章，老舍的《猫》，让他们体会细节描写的重要性。拍完照片，在电脑上显示出来，学生们聚在一起讨论，从这些照片中选择哪些介绍他们的学校。这时我们就引导学生分析，为什么选这张照片介绍学校，它的重点是什么，特点是什么，和其他照片反映的场景是什么关系。

第三次课，我把学生们拍摄并选择的照片洗出来，让他们为照片配写说明。由于是上节课"深度加工"的素材，学生们比较顺利地完成了这个任务。我给学生们发了彩色的纸，让他们剪出他们喜欢的形状，学生们对此很感兴趣，充分发挥了想象力。剪好后他们将照片及其说明贴在了这些彩色的纸上。然后我又给他们发了一张大白纸，让他们将上一步的作品再贴到大白纸上，白纸上留下不少空白，正好有一个教美术的志愿者，指导学生们在空白的地方进行装饰。

最后，每个小组都做成了一个展板，我的学生们和这些孩子都觉得非常骄傲，看着照片上的这些孩子和他们做的展板，真的很难和第一次课上那些捣乱的"小魔头"联系起来。因此，高效的课堂不能只是老师讲、学生听，还要让学生表达、让学生合作、让学生动手、让学生分享……

4. 情感互动与归属感

我们想象一下，把若干优秀老师最成功的教学片断进行整合，做成一个"标准课"，播放给学生看，这是否就是高效的课堂、完美的教学？

我的学生何采莲在作业中深情地回忆了她的高中班主任：

> 高中时的班主任，同时也是政治老师，我们都叫她小芳姐，因为我们都觉得这样更友爱更亲密。小芳姐在政治课上很有激情，每次政治课她会带一根细长的彩色塑料棒，用来指挥我们。考试时我们不得不背很多书本知识，她总是想尽各种办法激起我们的热情，和她一起背书。作为我们的头儿，她用富于感染力，并且略带幽默的语气，带领我们记忆

书本中的重要知识。

相比其他班的政治课，小芳姐的政治课总是吵吵闹闹的，气氛很活跃，同学们也很有激情，一堂课下来，大多数学生都能很熟练地记下课上的重点，对政治课我们总是很期待。

她属于我们母亲那一辈的人，可是她的着装总是五颜六色的，比我的还要鲜艳。高中三年，她一共换了四种发型，先是长长的大卷，后来染成黄色的，接着弄直了，我毕业之前她把头发剪短了，最后一种是我们最不能接受的，因为太不适合她了。

小芳姐在班里组织了很多活动。比如班级服饰大赛，我们自己买布料做衣服，选模特儿，还走秀呢，最后把活动录下来刻成光碟发给大家。班上也有不爱念书的孩子，有调皮捣蛋的孩子，老师会让我们把自己学习上的缺点和学习上的目标写下来，装在玻璃瓶里，并带领全班同学爬山，而且她非要我们去爬天子殿（那座山的顶端有个寺庙），沿路找个"风水宝地"埋了它。她让我们过一阵子去掏出来，看看自己有没有改掉坏习惯，有没有实现目标。说真的，这个方法还挺管用的，写了自己缺点的同学貌似都觉得有什么把柄落在那座神圣的山上，搞不好哪天被寺庙长老发现了，所以心里都挺虚的，于是想努力改掉自己的坏习惯。

为了让我们能全面发展小芳姐可是费劲了心思啊。她创立了"2009级1班百花争艳"节目（虽然我们私下里都觉得这个名字有点土），每周日下午5点半至6点半准时播出。她根据我们未来的梦想分配职位，一个同学一直梦想成为一名导演，所以小芳姐聘他为节目导演。每周日都会有4个节目，节目内容不限，形式不限，要求同学们尽情发挥才能。所以，周一到周六，都会有同学们轮流准备节目，深受其他班级同学的嫉妒和羡慕。高中时候的各种剧本和节目材料现在还保存在班级的网站里。

整个高中三年，虽然为了高考，学习很辛苦，早七点到晚十点，周六还要上课，暑假也要补课，可是班里的同学们都很愿意学习，喜欢和老师们待在一起，因为小芳姐对我们太好了，她关心我们，信任我们，理解我们，对我们的期望都很高。当时班上的同学除了在学习上竞争以外,还争着赢得小芳姐的"芳心"!

看了这个案例,我们来回答前面的那个问题,高超的教学技术和技巧还不足以构建优质课堂,还缺少一个极其重要的成分——情感依附和归属感。

真正的教育教学是在师生情感互动的基础上展开的。有一次我给在职教师讲授教育心理学,有一部分内容比较抽象和理论化,我讲起来也觉得有些晦涩。我发现大概有 1/4 的教师注意力开始涣散,我的内心也有些慌张了,我说:"再坚持一下,还有 15 分钟我们就休息。"我这么说的本意是想要老师有个"盼头",也许能够让他们精神振奋一点。没想到这句话说完后我发现更多的老师注意力不集中了,我只好草草上完最后这部分内容。课间休息的时候,一个老师过来跟我交流,她说:"在你没有说还有 15 分钟就休息之前,我挺专注地听讲,可是不知道怎么回事,你说了那句话之后,我一下子就泄气了,不再想听后面的内容了,觉得有些焦躁,想赶紧下课。"这个老师的话着实提醒了我,我大概能明白为什么后来越来越多的老师失去了注意力,我以为我很好地掩饰了自己的情绪,但我的情绪无疑已经被教师们感觉到了——我打算草草地结束这节课了——很有可能教师们当时的感受也是下意识的,而这种感受对他们后面的听讲马上产生了明显的影响。

由此可见,教学就好像两个舞伴——教师与学生——之间的交互作用,是教师和学生"相互应答"的过程。师生之间的情感互动无时无刻不在深刻影响着课堂的进程和品质。因此,教师一定要关注课堂中的情感因素,与学生建立相互支持、相互依靠的积极情感关系,让课堂变得安全又温馨,让学生对课堂产生归属感,让他们觉得"这就是我的课堂"。

◯ 教育教学启示

1. 优质课堂的前提是安全,这样学生才愿意待在课堂里,才能集中精力学习。安全的课堂中没有欺负,没有歧视和嘲笑,学生能够自由地表达,能够坦承自己的不足并主动追求发展。

2. 教师要对学生怀有高期望并且对学生高标准要求,激发他们内心成功的梦想并让他们愿意为此付出努力。

3. 课堂要高效又有趣，这依赖教师有深厚的学科素养，能以符合学生认知水平和兴趣特点的方式授课，有幽默感，有意识地调动学生的学习积极性以及教学方式丰富又灵活。
4. 课堂中充满着师生之间的情感互动，教师要关注课堂中的情感因素，与学生建立相互支持、相互依靠的积极情感关系，让课堂变得安全又温馨，让学生对课堂产生归属感。

后 记

经过12年的基础教育，学生为什么有那么大的差异？有些学生意气风发地扬起了生命的风帆，而有些学生黯然神伤地离开了校园。教育心理学可以回答这个问题吗？我认为它不能全部回答，但学习和研究教育心理学的目的就是回答并解决这些问题。

我在教学中鼓励学生用案例说明对教育心理学理论的理解，如果学生能举出深刻、恰当的例子，就说明他们对理论的理解到位了。感谢我的学生们，书中的许多案例是他们提供的，这些案例使得本书更加生动、易读，为读者拉近了理论和实践之间的距离。

我也建议教师和家长将身边的案例与教育心理学理论联系起来，这不仅能帮助我们理解各种教育现象，理解学生，而且能促进我们对教育心理学知识的理解，并由此提高自己的教育教学水平，学会利用心理学知识来解决各种教育中的问题。

感谢本书的编辑，华东师范大学出版社的任红瑚女士。这是我们合作的第二本书。在策划阶段，任女士在整体构思、章节安排、写作风格等方面提出了非常专业的建议；在审稿阶段，任女士对全书逐字逐句进行审校，做了大量的修正。她的专业、敬业让我佩服又欣慰，一个作者能遇到这样的编辑真是幸运！

赵希斌

2012年5月